*Dedico este libro a mi madre, Mariló Casals,
que me abrió el camino del Tarot.*

*A mis hermanos Xavi, Joan, Elisenda y Hector
que me han acompañado en este viaje.*

*A mi marido Joan Carles que me ha apoyado
y animado en todo momento.*

*A mis hijos Gisela, Mireia, Jofre y Aina que
han sido mi motor.*

*Y a todos y cada uno de mis alumnos
y alumnas que a lo largo de todos estos años
me han enseñado tanto.*

ESCUELA MARILÓ CASALS
Maria del Mar Tort i Casals

Manual de interpretación del Tarot

28 lecturas distintas,
paso a paso

EDICIONES OBELISCO

Si este libro le ha interesado y desea que le mantengamos informado de
nuestras publicaciones, escríbanos indicándonos qué temas son de su interés
(Astrología, Autoayuda, Ciencias Ocultas, Artes Marciales, Naturismo,
Espiritualidad, Tradición...) y gustosamente le complaceremos.

Puede consultar nuestro catálogo en www.edicionesobelisco.com

Colección Cartomancia y Tarot
Manual de interpretación del Tarot
Escola Mariló Casals / Maria del Mar Tort i Casals

1.ª edición: noviembre de 2014
4.ª edición: mayo de 2019

Maquetación: *Natàlia Campillo*
Corrección: *M.ª Jesús Rodríguez*
Diseño de cubierta: *Enrique Iborra*

Edita: Ediciones Obelisco, S. L.
Collita, 23-25. Pol. Ind. Molí de la Bastida
08191 Rubí - Barcelona - España
Tel. 93 309 85 25 - Fax 93 309 85 23
E-mail: info@edicionesobelisco.com

ISBN: 978-84-16192-00-7
Depósito Legal: B-14.855-2014

Printed in India

Introducción

*H*oy en día podemos encontrar muchos libros de Tarot que nos explican y enseñan el significado de sus cartas, pero ya no resulta tan fácil encontrar libros que nos enseñen a fluir en la interpretación.

Estas 28 lecturas provienen de muchas fuentes distintas, y son representativas de la diversidad y riqueza de tipos de lecturas de tarot existentes. Encontrarás lecturas que son la trascripción literal de algunos autores como la lectura de las decisiones de Hajo Banzhaf, otras que hemos retocado o adaptado y también algunas que hemos creado.

Este manual va dirigido a todas aquellas personas que ya conocen las cartas del Tarot y su significado, pero que desean mejorar en lo relativo a la interpretación y ampliar el número y la tipología de lecturas de Tarot.

Y la mejor forma de hacerlo es con 28 lecturas distintas, con las que podrás encontrar en cada caso el tipo de lectura que mejor se adapta a tus necesidades e intereses. En cada lectura te proponemos un caso práctico con su interpretación, paso a paso.

¿Cómo lo haremos? De una manera fácil, sencilla y muy clara. Como ya hemos comentado, las lecturas están ordenadas por grupos. Cada una de las lecturas tiene una plantilla de explicación y, seguidamente, te proponemos una lectura interpretada para que puedas seguir la interpretación paso a paso, carta por carta.

Además, cada una de las lecturas tiene una «leyenda» que te marca la dificultad (★ / ★★ / ★★★), el número de cartas y si sólo podemos utilizar los Arcanos mayores (AM) o también puede realizarse con los Arcanos menores (Am).

Ponemos a tu disposición muchos años de experiencia en la docencia del

Tarot y una metodología que te facilitará el aprendizaje y el hecho de poder fluir en la interpretación con seguridad.

Consejos prácticos

Nosotros somos una escuela moderna del siglo xxi, una escuela de mente abierta, motivo por el cual no te diremos cómo debes hacer las cosas. Hay muchas maneras y tú, deberás encontrar la que a ti te vaya bien. Te daremos unos consejos para que en tu camino de tarotista vayas probando y vayas viendo con cual te sientes mejor.

¿Cómo barajar el Tarot?

Encontrarás mucha bibliografía al respecto. Hay autores que sostienen que el consultante tiene que tocar las cartas porque así deja su energía sobre ellas, otros opinan que, como las cartas están ritualizadas, es mejor que no se toquen. Y hay quien dice que se deben barajar encima de la mesa en el sentido de las agujas del reloj.

Barajamos las cartas en el momento en el que estamos realizando la pregunta de la cual queremos obtener una respuesta. Si observas con atención, comprobarás que según barajes las cartas saldrán unas u otras y, de este modo, tendremos una respuesta u otra. ¿Te vas dando cuenta de la importancia que tiene el hecho de barajar? No sólo es importante que seamos conscientes de la trascendencia de barajar, sino también que lo hagamos bien, con profesionalidad y rigor. Aquí tienes tres aspectos fundamentales para tener en cuenta a la hora de barajar:

- Es imprescindible **barajar las cartas con soltura y de una manera adecuada**. No es correcto barajar las cartas como lo hacen los jugadores de póquer, pues no sería respetuoso. Para barajar de una manera fluida se debe practicar, por eso te recomendamos que cada día dediques un ratito a barajar. ¿Te imaginas que vas a consultar con una tarotista y no baraja correctamente?

- Ya hemos visto la importancia que tiene el hecho de barajar bien porque de ello, en parte, dependerá la respuesta. Pero hay otro aspecto importante que debes tener en cuenta: en el momento en el que estás barajando es necesario que te concentres en la pregunta y, por ese motivo, la pregunta debe ser clara y entendible.

- Según en qué lecturas deberás «codificar» (pensar) algunas cartas, y es en el momento de barajar en el que tienes que codificarlas.

Al final, cuando acabamos la lectura, es bueno barajar las cartas visualizando que hemos terminado, de esta manera dejamos las cartas ya «limpias» para la lectura siguiente.

Como puedes ver hay muchas maneras de barajar. Es posible que en ocasiones prefieras tocarlas sólo tú, en otras ocasiones querrás dárselas al consultante para que las corte, etcétera. Lo único que te recomendamos es que si la persona consultante está muy nerviosa es mejor que no sea ella quien baraje as cartas. Prueba cada una de ellas y quédate con la que te sientas más cómodo.

Cómo cortar las cartas

Una vez hemos barajado cortamos las cartas. Como ya has visto puedes hacerlo tú o el/la consultante.

¿Cómo cortamos? ¿Con qué mano? ¿Cuántas veces? Igual que en la forma de barajar las cartas, tendrás que ser tú el que encuentre la manera que mejor te funcione.

Cortar con la mano:

- **Cortar con la mano izquierda**: generalmente, ésta es la mano que utilizamos para cortar porque la izquierda rige el inconsciente, la intuición y, el hecho de cortar con esta mano, le hace recordar a el/la tarotista que además de utilizar el método debe dejar fluir la intuición.

- **Cortar con la mano derecha**: esta mano es menos utilizada para cortar. La mano derecha representa el consciente y al cortar con esa mano somos conscientes de lo que estamos haciendo.

- **Si es el consultante quien corta** también podemos dejarlo a su elección.

Cuántos cortes debemos hacer

Un corte: una vez hayamos cortado nos quedarán dos montones de cartas. Deberemos coger el montón que estaba debajo, lo colocaremos en la parte superior y ya estaremos preparados para empezar a colocar las cartas para llevar a cabo la lectura.

Dos cortes: cuando se realizan dos cortes nos quedarán tres montones de cartas, entonces, tenemos dos opciones:

- Con tres montones, colocamos el primer montón encima del segundo y este último encima del tercero.

- Una vez tenemos los tres montones hechos, le pedimos al consultante que elija uno, empezaremos a recoger las cartas por el montón que nos ha señalado y seguiremos por los otros dos en el orden que tú desees.

Recuerda que cada día debes tener un ratito para barajar las cartas y practicar distintas maneras de cortar. Así, podrás hacerlo con soltura y seguridad, a la vez que podrás encontrar la manera que te resulte mejor.

Quién baraja y corta

Igual que en el apartado anterior tú debes encontrar la manera en que te sientas más cómodo: cuanto mejor te sientas, más fluido estarás. Tienes muchas opciones entre las que elegir:

Baraja y corta siempre la misma persona, tarotista o consultante:

🎴 **Baraja y corta el consultante:** el consultante es el que lo hace todo. La parte positiva de este método es que el/la consultante, al tocar las cartas, se centra más y deja su energía. La parte negativa es que a veces el/la consultante no saben barajar bien las cartas. El tarotista aquí no controla.

🎴 **Baraja y corta el tarotista:** esta opción la utilizan aquellos tarotistas que una vez han ritualizado las cartas prefieren que nadie se las toque. También utilizaremos esta manera de barajar cuando nos encontremos con un/a consultante que están muy nerviosos. La parte positiva es que el tarotista puede concentrarse mejor y baraja las cartas sin interferencias.

Método mixto para barajar. En él interactúan el tarotista y el/la consultante.

🎴 **Baraja el tarotista y corta el consultante:** esta opción combinada permite al tarotista barajar bien y concentrarse, a la vez que el/la consultante también participa cortando las cartas.

🎴 **Barajan el consultante y el tarotista y corta el consultante:** en esta opción trabajan todos. El tarotista baraja, así puede concentrarse más, y también baraja el/la consultante dejando su energía e influencia sobre las cartas. Después corta el consultante.

Te hemos descrito distintas maneras de barajar y de cortar, ahora tú tendrás que probar las distintas maneras de proceder y así irás viendo cuál de ellas te va mejor y con la que te sientes más a gusto.

Con el tiempo, encontrarás tu manera, y si te sueltas y aprendes a dejarte sentir, en función del momento y del/la consultante, utilizarás una u otra manera.

Cómo guardar las cartas

La tradición sostiene que las carta deben guardarse en una tela natural (lino, algodón, seda…) y de color psíquico (azul, negro, lila…). También nos dice que tenemos que guardarlas en una caja de madera.

Como ya hemos comentado, nosotros somos una escuela moderna y creemos que las cartas deben guardarse con respeto y cariño, lo que no es correcto es guardarlas en el bolso sueltas, de cualquier manera o en cualquier lugar. Como todo objeto al que tenemos cariño merecen un respeto.

A partir de aquí, elige tú mismo. Normalmente tendrás más de una baraja de cartas, por este motivo la que tengas en casa podrás guardarla en una cajita y las del bolso en una bolsita. Hay personas que son habilidosas y ellas mismas se confeccionan una bolsita y se cosen un tapete.

Nosotros también te recomendamos utilizar un tapete para realizar las lecturas.

Lecturas concretas

Las lecturas concretas son aquellas que preguntan por un tema en particular: puede ser amor, trabajo, dinero, pleitos, ventas, compras, etcétera.

Generalmente, estas lecturas concretas las interpretamos después de haber realizado una lectura general, que nos permite detectar aquellos aspectos más puntuales: temas que requieren ampliar y matizar la información que hemos visto con anterioridad. En estos casos es cuando interpretamos las lecturas concretas.

Otras veces podemos utilizar directamente estas lecturas, pero corremos el riesgo de que se nos «escapen» algunas cosas. Debemos tener en cuenta que sin una lectura general previa nos puede faltar información.

Lectura del sí y del no

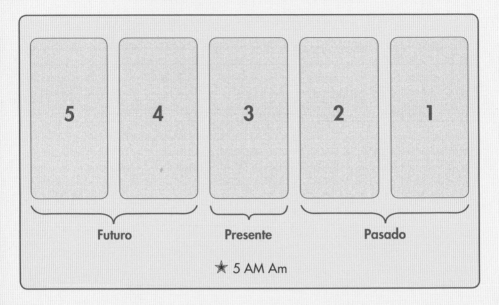

Futuro   Presente   Pasado

★ 5 AM Am

Como el nombre indica, esta tirada es para preguntas que necesitan una respuesta afirmativa o negativa, pero, además, nos da la información del pasado, presente y futuro respecto a la pregunta.

Es muy importante que la pregunta sea clara y concreta. Barajamos y colocamos las cartas según el esquema anterior. Una vez colocadas, sumaremos las cartas positivas y las negativas contando que la carta central vale el doble. Si salen más cartas positivas, la respuesta será «sí», y si salen más cartas negativas, será «no». En ocasiones, puede suceder que salga el mismo número de cartas afirmativas y negativas. Aunque esto es poco frecuente, si pasa significa que la respuesta es dudosa y poco clara. Entonces, deberemos formular la pregunta de otra forma y volver a realizar la lectura desde el principio.

En esta tirada podemos utilizar los Arcanos mayores, pero también los menores.

Ejemplo de lectura del sí y del no

Un hombre de 39 años que está trabajando como directivo en una empresa nos pregunta si este año le ascenderán.

Primero contamos cuántas cartas positivas tenemos (Sacerdotisa, Justicia, Sumo Sacerdote y Sol), en total cuatro, y la carta del Sumo que está en el centro vale el doble, por lo que nos quedarán cinco cartas positivas y una negativa (Colgado). Vemos claramente que la respuesta es afirmativa: Sí, ascenderán a nuestro consultante. Pero vamos a explicar qué nos dicen las cartas.

Ejemplo

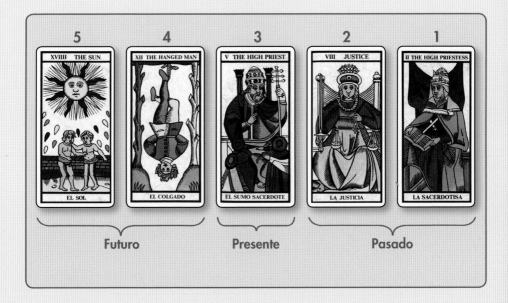

1 y 2. Pasado

En el pasado él ya tenía experiencia y conocimientos (Sacerdotisa). La carta de la Justicia nos dice que se comprometió con la empresa y asumió sus responsabilidades. La lectura conjunta de las dos cartas nos indica que tenía un contrato (Justicia) estable y duradero (Sacerdotisa). También podemos decir que para acceder a su puesto de trabajo tuvo que pasar unos exámenes (Justicia) y estudiar mucho (Sacerdotisa).

3. Presente

En el presente el tema del ascenso está en manos de su superior (Sumo Sacerdote). Se trata de una cuestión que en estos momentos se está pensando, reflexionando y valorando con seriedad y rigor.

4 y 5. Futuro

La carta del Colgado nos indica que el tema seguirá un tiempo parado, nuestro consultante deberá esperar. Pero el Sol indica que acabarán ascendiéndole y tendrá el reconocimiento que se merece. Si además leemos las dos cartas juntas, veremos que sí ascenderán a nuestro consultante, pero con ciertas limitaciones.

Lectura de las decisiones

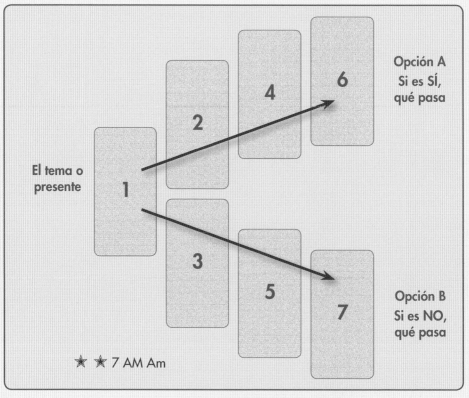

El tema o presente **1**

2 **4** **6** Opción A
Si es SÍ,
qué pasa

3 **5** **7** Opción B
Si es NO,
qué pasa

★ ★ 7 AM Am

Lectura de Hajo Banzhaf (Ed. Edaf)

La lectura de las decisiones la podemos utilizar de dos maneras:

1. Cuando debemos elegir entre dos opciones nuevas: tengo dos ofertas de trabajo, quiero alquilar un piso y tengo dos oportunidades, puedo realizar dos viajes y no sé cuál es el mejor, me gustan dos chicos, etc…

2. Cuando tenemos que elegir entre la situación en la que nos encontramos y una nueva: no sé si quedarme en este trabajo o buscar uno nuevo, si permanecer en este piso o comprar otro, si mantener la relación que ya tengo o iniciar una nueva con esa persona que me gusta…

En ambos casos comprobamos que tenemos dos caminos. Esta lectura nos permite ver la evolución de las dos opciones, de manera que podamos elegir más fácilmente. Nos podemos encontrar con que las dos opciones son desfavorables, entonces tendremos que buscar una tercera. Puede que las dos sean positivas, en ese caso nuestro/a consultante podrá elegir la que prefiera. Pero la mayoría de las veces nos encontramos con que una opción es más favorable que la otra.

En esta lectura es muy importante que, una vez formulada la pregunta, mientras barajamos, sepamos dónde situaremos cada una de las opciones.

Ejemplo

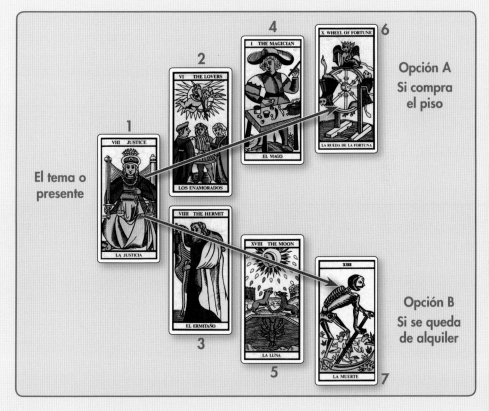

Mujer de 51 años que lleva mucho tiempo viviendo en el mismo piso y ahora tiene la oportunidad de comprarlo. Quiere saber si es mejor comprarlo o seguir de alquiler.

Nos concentramos bien y mientras barajábamos hemos codificado (pensado) que asociaríamos la compra con la línea ascendente y el alquiler con la línea descendente.

El tema o presente

La primera carta con la Justicia nos indica que nuestra consultante está en estos momentos valorando los pros y los contras de la situación. Está intentado analizar las dos opciones de una manera fría y objetiva, para poder ver cuál de las dos opciones es mejor para ella. Se está tomando su tiempo.

Opción A: Compra del piso (línea ascendente)

A primera vista, con sólo observar las tres cartas, la sensación que recibimos es positiva. Los Enamorados nos indican que esta opción le gusta y emocionalmente le atrae. Los Enamorados es una carta dual y nos indica que ella, a la hora de comprar un piso, contemplará también otras opciones que le permitan decidir mejor. El Mago, que es un número 1, nos dice que se mantendrá activa y utilizará todos los recursos que estén en su mano para conseguir su objetivo, que en este caso es la compra del piso. Y la Rueda nos indica, que las cosas evolucionarán positivamente, que será una mejora, y que ella tiene los recursos para conseguir el dinero.

Opción B: Quedarse de alquiler (línea descendente)

Al observar las tres cartas, la sensación que tenemos no es tan positiva. Si permanece de alquiler, puede conservar las condiciones que tiene de antigüedad durante bastante tiempo (Ermitaño). Pero con la carta de la Luna ella no se sentirá satisfecha, tendrá sus dudas. La carta de la Luna, cuando nos referimos a inmuebles, y sobre todo si está al lado del Ermitaño, nos puede indicar que el piso está un poco viejo y necesita alguna mejora. Con estas cartas podríamos decir que el piso necesita unas reformas y, como es de alquiler, la consultante no va a hacerlas y esto influirá en que no acabe de sentirse bien en el piso. Al final con la carta de la Muerte acabará dejando este piso.

Conclusión

En esta lectura vemos que la opción de comprar el piso es la más favorable para nuestra consultante. Tiene las facilidades, los recursos y el dinero. Y si ella se queda en el piso de alquiler no estará satisfecha y puede que se arrepienta. Las cartas nos indican la mejor opción, pero es nuestra consultante la que debe decidir.

Lectura del corazón

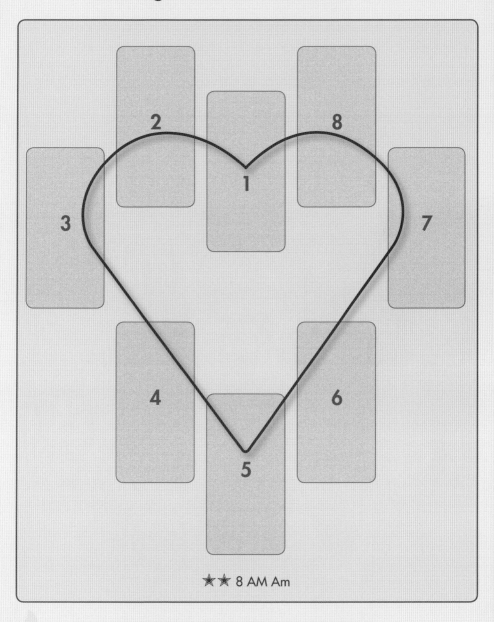

★★ 8 AM Am

1. Carácter del consultante
2. Cómo se enamora el consultante
3. Cómo seduce
4. Qué debe pulir
5. Qué debe potenciar
6, 7 y 8. Evolución de las circunstancias

Ésta es una de mis lecturas favoritas. Va dirigida a todas aquellas personas que no tienen pareja y desean encontrar una. Con la lectura del corazón vemos cómo está nuestro/a consultante, cómo se enamora, cómo seduce, qué puede pulir para encontrar pareja, qué debe potenciar, y la evolución. Con esta lectura conseguimos dar consejos útiles y claros que le permitirán establecer unas estrategias para encontrar pareja. Podemos utilizarla sólo con los Arcanos mayores o con toda la baraja.

Ejemplo

*C*hica de 27 años que quiere saber qué debe hacer para encontrar una pareja.

1. Consultante

La carta de la Emperatriz nos indica que nuestra consultante es femenina. Es una mujer creativa, sociable y a quien le gusta arreglarse, es seductora. La Emperatriz necesita pareja, lleva mal estar sola y hará lo que sea necesario para sentirse querida y encontrar una pareja.

2. Cómo se enamora

La Justicia nos indica que nuestra consultante no se deja llevar por los instintos, piensa y analiza las cosas. Quiere una relación estable y con compromiso. Busca una persona que le convenga, no se enamora de cualquiera.

3. Cómo seduce

La carta del Ermitaño no es la mejor para seducir. Nuestra consultante pasa por un período de introversión, mira hacia su interior, pero debe mirar hacia fuera. Si nos fijamos bien, el Ermitaño se cubre con una capa, esto impide a nuestra consultante enviar las señales adecuadas. Esta carta tampoco favorece la vida social. Deberemos advertirle que en este aspecto tiene que hacer cambios importantes.

4. Qué debe pulir para encontrar pareja

La Luna nos indica que debe superar sus miedos e inseguridades. Aquí le aparecen los «fantasmas» de experiencias pasadas que no han funcionado. Por otro lado, la Luna nos señala que debe dejar fluir su intuición y sus emociones.

5. Qué debe potenciar para encontrar pareja

El Sol nos dice que debe superar sus miedos. Es importante que se abra y salga con los amigos. Es necesario que se muestre, que brille y se sienta alegre y segura.

6, 7 y 8. Evolución de las circunstancias

En una primera fase, nuestra consultante necesitará estar consigo misma, contactar con su interior, aprender a estar sola (Sacerdotisa). Esto le permitirá evolucionar, querer mejorar y ampliar horizontes. Se mostrará alegre, abierta y se moverá (Rueda). Y después acabará apareciendo un hombre sensato, con valores, reposado, más bien tradicional, que le pueda dar seguridad afectiva y emocional (Sumo Sacerdote).

Lectura concreta

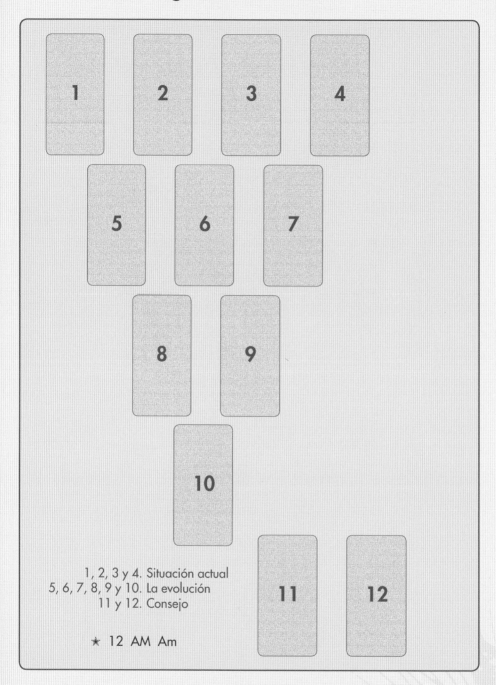

1, 2, 3 y 4. Situación actual
5, 6, 7, 8, 9 y 10. La evolución
11 y 12. Consejo

★ 12 AM Am

*É*sta es una lectura sencilla que ante la pregunta que nos plantean, nos permite ver dónde estamos y hacia dónde tienden a ir las circunstancias. Esto nos proporcionará una buena información que nos permita orientar bien a nuestro/a consultante. Además, cerramos con dos cartas que nos aconsejan.

Ejemplo

*U*na mujer de 31 años quiere ir a vivir al extranjero y pregunta si esto será posible.

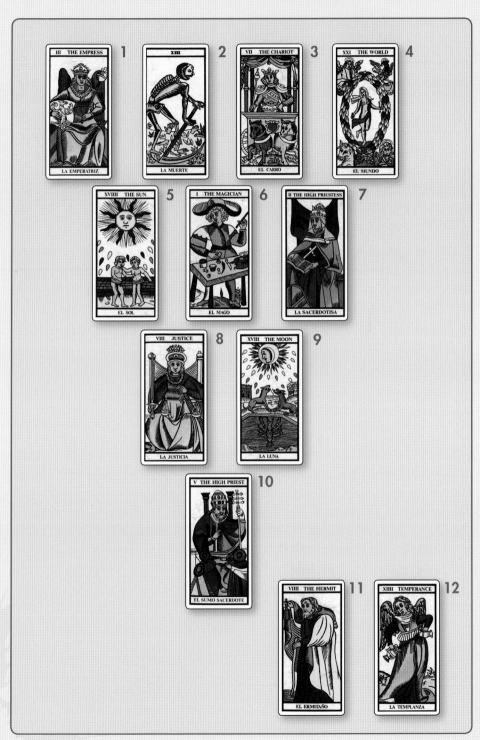

1, 2, 3 y 4. Situación actual

La Emperatriz representa a nuestra consultante y, si nos fijamos bien, esta carta, desde donde está situada, tiene una buena visión del resto de la lectura. Esto nos indica que tiene una buena perspectiva de lo que nos pregunta, que se trata de un tema que ella ha contemplado y ha analizado. Delante de ella la carta de la Muerte nos indica que nuestra consultante se encuentra en un momento de trasformación personal importante y que necesita cambios. Cambios que le llevan a buscar un nuevo rumbo (Carro) porque en estos momentos necesita llevar las riendas de su vida y avanzar de una manera independiente. También quiere abrirse a nuevos mundos y experiencias en los que pueda sentirse victoriosa y realizada personalmente (Mundo).

5, 6, 7, 8, 9 y 10. Evolución

Si la consultante decide marcharse al extranjero, podrá brillar y se sentirá segura, a la vez que tendrá nuevas amistades (Sol). Puede encontrar un trabajo (Mago) en el que podrá brillar (Sol), sobre el cual ya tiene experiencia y conocimientos (Sacerdotisa).

Deberá tener cuidado con todos las cuestiones relacionadas con temas legales o burocráticos, permisos, etcétera (Justicia) porque el hecho de tener la carta de la Luna al lado puede causar problemas.

También será bueno que se informe bien y busque asesoramiento con algún especialista (Sumo Sacerdote).

11 y 12. Consejo

La carta del Ermitaño nos aconseja paciencia, prudencia e investigar todos los requisitos necesarios para ir al extranjero y que la consultante no se precipite. Tendrá que esperar que las cosas vayan fluyendo y deberá adaptarse a las circunstancias (Templanza). La carta de la Templanza nos habla de la comunicación, por lo tanto, debido a la pregunta, también nos puede hablar de los idiomas. Y al encontrarse al lado del Ermitaño, le aconsejaremos que profundice (Ermitaño) en los idiomas para poder fluir mejor (Templanza).

Lectura de la cruz celta

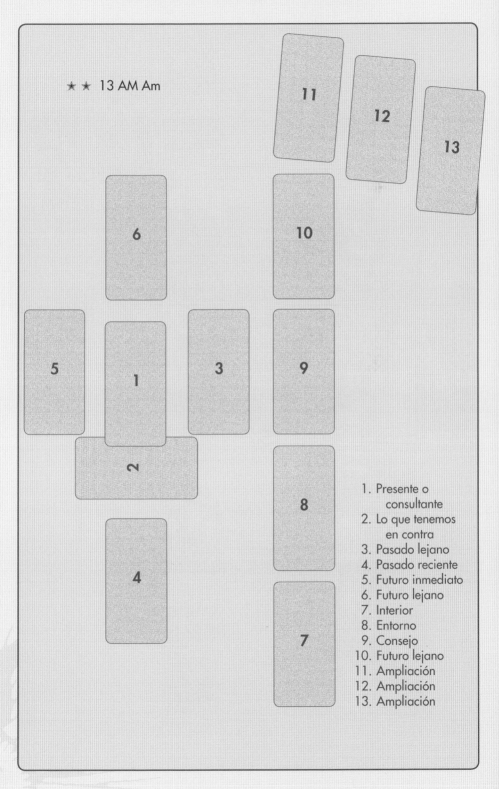

★ ★ 13 AM Am

1. Presente o
   consultante
2. Lo que tenemos
   en contra
3. Pasado lejano
4. Pasado reciente
5. Futuro inmediato
6. Futuro lejano
7. Interior
8. Entorno
9. Consejo
10. Futuro lejano
11. Ampliación
12. Ampliación
13. Ampliación

Ejemplo

Lectura de la Cruz Celta

Ésta es una de las lecturas clásicas que nos sirve para responder a preguntas concretas, nos da mucha información útil que nos permite ver la evolución de las circunstancias desde el pasado hasta el futuro lejano, nos dice qué tenemos en contra, nos habla del entorno y nos aconseja.

Las tres últimas cartas 11, 12 y 13, son tres cartas (optativas) que nosotros podemos añadir si lo deseamos y, así, realizamos una ampliación en el tiempo, para ver cómo evolucionarán las cosas más allá del futuro lejano.

Ejemplo de la lectura de la Cruz Celta

Un hombre de 44 años que trabaja en una multinacional, que atraviesa por un momento de fusión, quiere preguntarnos sobre su futuro profesional.

1. Presente o consultante (Emperador)

Esta carta representa a nuestro consultante. Es una persona luchadora que sabe lo que quiere. Tiene una ambición sana. Es organizado y trabajador. Tiene dotes de mando y sabe cómo y qué debe hacer en cada momento. Tiene fuerza de voluntad. Le gusta que le reconozcan el trabajo bien hecho. Le gustan los retos y tienen dotes de líder.

2. En contra (Loco)

En estos momentos lo que tiene en contra es la inestabilidad. Está desorientado. Siente que no controla lo que pasará y esto le genera desconcierto. No sabe qué ocurrirá con su puesto de trabajo. No sabe si cuentan o no cuentan con él. Las cosas suceden sin un orden ni un porqué. No sabe dónde debe dirigir la vista ni los esfuerzos.

3. Pasado lejano (Ermitaño)

La carta del Ermitaño nos indica que él ya hace tiempo que estaba trabajando en esta empresa. Nos dice que tenía un contrato duradero que le proporcionaba seguridad. El consultante se esforzó, perseveró y fue constante en su trabajo. Pensaba que permanecería mucho tiempo en este trabajo.

4. Pasado reciente (Diablo)

Desde hace tiempo se han producido tensiones, crispación y hay muchos nervios. Esto ha podido generar a nuestro consultante momentos de estrés y ansiedad.

Esta situación no sólo ha repercutido en él, sino también en el entorno. También se siente dolido y cree que no se merece esto.

5. *Futuro inmediato (Luna)*

Estas tensiones que proceden del pasado reciente y la desorientación del presente aún durarán un tiempo. En este período el consultante puede sentirse confuso y preocupado. La empresa no se mostrará clara ni le dará la información que él desea, quizás porque ellos todavía no lo tienen claro. Esto puede afectar a nuestro consultante y causarle inestabilidad emocional.

6. *Futuro lejano (Rueda)*

La Rueda de la Fortuna nos indica que las cosas se pondrán en marcha, se moverán hacia alguna parte. Él se sentirá más optimista, ya sabrá hacia dónde se dirigen las circunstancias. La carta de la Rueda, en este caso puede significar dos cosas: *a)* que «sigue en la rueda», que siguen contando con él y *b)* asuntos de dinero, en este caso una indemnización. Hacia dónde va lo veremos con la otra carta o cartas (10 + 11,12 y 13).

7. *Interior de la persona o situación (Carro)*

Nuestro consultante está dispuesto a seguir adelante. Lo único que desea es saber hacia dónde debe dirigir sus fuerzas. Se siente joven interiormente y capaz de sortear las posibles dificultades que puedan surgir. No se va a rendir y sabe que tiene las capacidades idóneas para proseguir.

8. *Entorno (Muerte)*

Su entorno laboral está en un proceso de cambio. Ya no será el mismo que antes, debe empezar a aceptarlo. Puede que le cambien de puesto o lugar de trabajo. También puede pasar que cambien a sus compañeros o que prescindan de algunos de ellos.

9. *Consejo (Sacerdotisa)*

La carta de la Sacerdotisa le aconseja que se tome las cosas con calma y que se tranquilice, que aproveche para estudiar algún tema que tenga sobre la mesa de trabajo, que escuche su interior para poder ver realmente qué es lo que desea y ser consciente de las habilidades y experiencia que tiene en este trabajo. Y, sobre todo, que no dé ningún paso sin meditar, que no haga ninguna locura ni se precipite en estos momentos de tensión.

10. Futuro lejano (Sumo Sacerdote)

Esta carta la debemos interpretar junto con la carta situada en la posición 6 que era la carta de la Rueda. El Sumo hace referencia al jefe, a la persona que está por encima de nuestro Emperador. En este caso, lo que nos indican las cartas es que tendrá una reunión con su superior. En las tres cartas siguientes veremos qué es lo que quiere este superior.

11, 12 y 13. Ampliación (Juicio, Enamorados y Templanza)

Su superior, en este caso, le expondrá cómo está la situación y le planteará las posibilidades de futuro y qué es lo que esperan de él. Nuestro consultante deberá reflexionar y pensar (Juicio), pero siguen contando con él. Deberá valorar las diferentes opciones y tomar la decisión adecuada (Enamorados), por lo que tendrá en cuenta sus emociones. Al final, con la carta de la Templanza, se comunicarán de manera tranquila y fluida y se acabarán poniendo de acuerdo, adaptándose y siendo flexibles ambas partes.

Conclusión

Podemos comprobar que nuestro consultante está angustiado. Deberemos advertirle que todavía le queda pasar una temporada un poco dura, pero que siguen contando con él y que le harán una propuesta ante la que deberá mostrarse flexible, pero que será buena para ambas partes.

Lectura de qué necesitas, buscas y temes en una relación

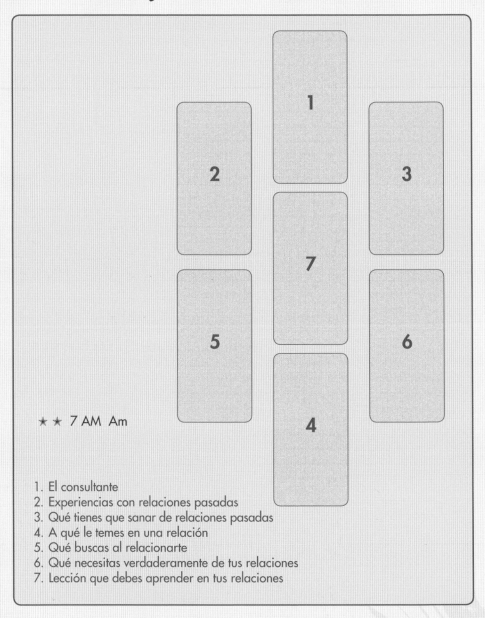

★ ★ 7 AM Am

1. El consultante
2. Experiencias con relaciones pasadas
3. Qué tienes que sanar de relaciones pasadas
4. A qué le temes en una relación
5. Qué buscas al relacionarte
6. Qué necesitas verdaderamente de tus relaciones
7. Lección que debes aprender en tus relaciones

*E*sta lectura va muy bien cuando nos encontramos que hace relativamente poco que, por ejemplo, el/la consultante ha dejado una relación y nos pregunta si encontrará a alguien. También la utilizaremos con aquellas personas que no acaban de encontrar a la pareja adecuada, tendremos que ver que no sea el/la consultante quien tienen ciertas «resistencias». O para la persona que no sabe qué tipo de relación necesita, que está desorientada.

Ejemplo

*M*ujer de 43 años que se separó hace cuatro años. Desde entonces, ha tenido varias relaciones, pero ninguna le ha funcionado.

1. Consultante (Emperatriz)

En este caso vemos que la carta que nos sale, la Emperatriz, es la que corresponde a nuestro personaje (mujer entre 25 y 65 años), esto indica que ella tiene in-
tegrado el rol que le corresponde. La consultante es una mujer sociable, abierta
y comunicativa. Le gusta disfrutar de las cosas buenas de la vida. Tiene una gran
capacidad creativa y dotes de mando. Le gusta hacer vida social y cultural. Desde el punto de vista emocional, la Emperatriz necesita un Emperador, si no tiene pareja la buscará.

2. Experiencias con relaciones pasadas (Muerte)

En el pasado ella ha tenido alguna ruptura importante que la ha marcado. La
Muerte hace referencia a un antes y un después, las cosas nunca vuelven a ser
igual. Se produjo un cambio radical y profundo que dejó una huella en nuestra
consultante, una pérdida importante. A partir de ahí, las pérdidas se han ido repitiendo. Ella todavía tiene esa herida grabada en su interior, aún no ha cicatri-
zado.

3. Qué tiene que sanar de las relaciones pasadas (Emperador)

La consultante tiene que sanar la imagen masculina (Emperador) del hombre en
general. Debido a esa o esas rupturas, ve con malos ojos a los hombres, ve su parte negativa. La parte negativa del Emperador es: autoritario, mandón, orgulloso,
agresivo, machista y controlador.

4. Qué teme en una relación (Enamorados)

Ella teme enamorarse, implicarse demasiado emocionalmente porque eso la hace
sentirse vulnerable. Piensa que si se enamora, puede volver a sufrir. Y esto es debido a que ella todavía no ha superado las rupturas del pasado.

5. Qué busca al relacionarse (Luna)

Ahora busca relaciones poco claras, inestables y que no están a su altura porque
inconscientemente ella no se siente preparada para entregarse a otra persona. Por
eso busca relaciones imposibles (hombres que ya tienen pareja) o que no están a
su alcance, o bien personas inestables o con problemas.

6. Qué necesita realmente en sus relaciones (Juicio)

Ella necesita enfrentarse a su pasado, ser consciente de lo que sucedió y perdonar.
Debe hacer un inventario emocional de su pasado, ver dónde se encuentra en estos momentos y saber qué es lo que desea a nivel emocional en un futuro. Debe

revisar su actitud emocional y buscar nuevas estrategias. También debe revisar el tipo de relación que desea y cuál es el tipo de hombre con el que quiere compartir una relación.

7. Lección que debe aprender de sus relaciones (Sol)

Debe aprender a confiar en las parejas. Debe tener confianza en ella misma. Mostrarse a los otros de una manera clara, cordial y amigable. Tiene que aprender que siempre acaba saliendo el Sol, incluso después de las grandes derrotas. Tendrá que aclarar sus miedos, hacerles frente y superarlos, empezando por ser consciente de ellos.

Conclusión

En general, hemos visto que nuestra consultante no acaba de encontrar la pareja adecuada porque todavía no ha superado una ruptura del pasado. Deberemos aconsejarle que se enfrente a esa pérdida, que trabaje para superarla y, así, ella, que es una persona fuerte, podrá encontrar la pareja que tanto desea.

Lectura para saber si esta persona es para mí

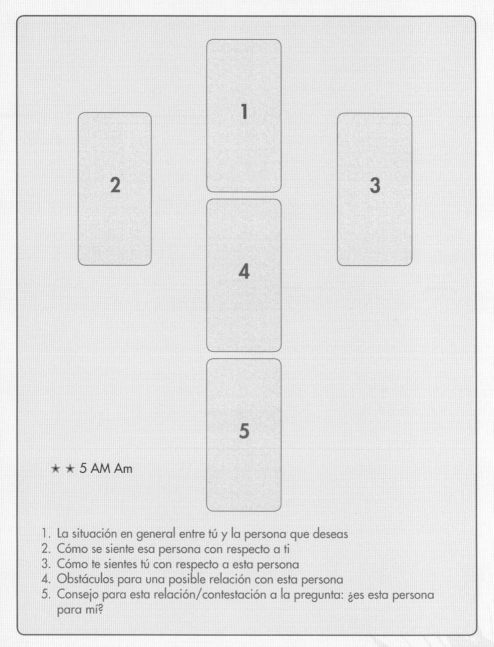

★ ★ 5 AM Am

1. La situación en general entre tú y la persona que deseas
2. Cómo se siente esa persona con respecto a ti
3. Cómo te sientes tú con respecto a esta persona
4. Obstáculos para una posible relación con esta persona
5. Consejo para esta relación/contestación a la pregunta: ¿es esta persona para mí?

Esta lectura responde a una pregunta que se nos plantea habitualmente. En el momento en que nos ponemos a buscar pareja, porque nos sentimos solos/as, porque tenemos la necesidad de compartir la vida con otra persona, por-

que queremos amar y sentirnos amados/as, etcétera. En estos momentos nos mostramos abiertos a las señales y a las otras personas. Al principio, cuando nos encontramos con alguien que nos hace tilín, nos formulamos esta pregunta. Esta lectura nos da mucha información en unos momentos en que nosotros no tenemos la suficiente perspectiva. Y la lectura nos ayudará a saber no sólo qué sentimos nosotros, que eso ya lo sabemos, sino qué siente la otra persona. Podremos ver entonces si vale la pena luchar o no.

Ejemplo

*J*oven de 28 años que ha conocido a un chico en un curso. Ella se siente atraída y le parece que el chico también. Quiere saber si existen posibilidades de mantener una futura relación emocional con él.

1. Situación entre la consultante y la persona por la que pregunta (Sol)

La carta del Sol nos indica que entre ellos hay amistad. Se sienten a gusto cuando están juntos. Ambos pueden hablar con franqueza. Saben que pueden mostrarse tal como son. Existe compañerismo y hay afecto entre ellos. Comparten ideas y entienden el mundo de la misma manera. Recordemos que la carta del Sol si no está acompañada de los Enamorados y nos preguntan por sentimientos, nos habla de amor de amigos/as.

2. Cómo se siente esta persona con respecto a la consultante (Templanza)

La Templanza nos dice que la persona se siente cómoda, es alguien con quien puede compartir sus experiencias. Hay una buena comunicación. La relación es fluida. Se adaptan bien a las circunstancias de cada uno.

3. Cómo se siente nuestra consultante con respecto a esa persona (Luna)

La Luna nos indica que ella no tiene claros sus sentimientos, no sabe aún bien lo que siente por él. Está indecisa y se siente insegura. Esta carta también nos indica que la consultante tiene cierto miedo. Pero la Luna es una carta que señala intuición, por lo que puede ser que ella vea algo que no está claro, no sabe si puede fiarse de él.

4. Obstáculos para una posible relación con esta persona (Estrella)

La Estrella, como obstáculo, nos habla de que posiblemente este chico ya tiene una pareja (Estrella) y esto es una dificultad. También nos indica que, a pesar de que hay un buen entendimiento entre ellos, puede faltar algo de chispa, esa atracción que nos hace sentir especiales.

5. Consejo para esta relación (Ermitaño)

El Ermitaño aconseja prudencia, responsabilidad, paciencia y, sobre todo, no precipitarse.

Conclusión

Observamos que lo que hay entre estas dos personas es una posible buena amistad, que conectan bien, se sienten cómodos, hay franqueza y afecto. Pero él tiene ya una pareja. Y, además, para tener una relación amorosa falta chispa. La consultante ha confundido y está interpretando mal las señales. Le indicaremos que podría mantener una relación de amigo con este chico, pero como pareja es bueno que busque otra persona más adecuada para ella.

Lectura de la boda o convivencia de pareja

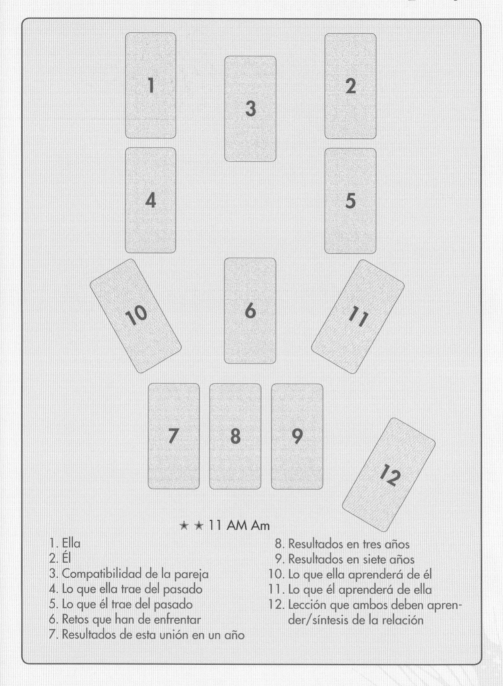

★ ★ 11 AM Am

1. Ella
2. Él
3. Compatibilidad de la pareja
4. Lo que ella trae del pasado
5. Lo que él trae del pasado
6. Retos que han de enfrentar
7. Resultados de esta unión en un año
8. Resultados en tres años
9. Resultados en siete años
10. Lo que ella aprenderá de él
11. Lo que él aprenderá de ella
12. Lección que ambos deben aprender/síntesis de la relación

*E*sta lectura responde muy bien a las dudas que muchas veces tienen aquellas personas o parejas antes de emprender una nueva vida juntos. Nos habla de cómo son cada uno de ellos, lo que traen del pasado, los retos, lo que aprenderán el uno del otro y las previsiones a tres y siete años vista.

Ejemplo

Ejemplo de lectura de la boda o convivencia de pareja

Mujer de 39 años y hombre de 42, llevan 3 años juntos y han decidido casarse e ir a vivir juntos. A ella le hace mucha ilusión pero a la vez está angustiada y quiere saber cómo le irá en esta nueva etapa de convivencia con su pareja.

1. Cómo es ella (Rueda)

Es una persona alegre y optimista, se entusiasma con todo lo que hace. Tiene una mente rápida y se expresa con facilidad. Le gusta hacer muchas cosas y no soporta la rutina. Es emprendedora y sabe aprovechar las oportunidades. Quiere mejorar y superarse como persona. Puede ser expansiva, a veces se muestra inestable y tiende a abarcar más de lo que puede.

2. Cómo es él (Juicio)

Es una persona con valores y creencias. Reflexionar y analizar las cosas es algo muy importante para él y tiende a cuestionarlo todo. Está en un proceso de tomar conciencia de su vida para ver dónde se encuentra y hacia dónde se dirige. Está profundizando en su interior para reinventarse.

Si comparamos a las dos personas, vemos que son bastante distintas, ella es más dinámica y él es más reflexivo, en este sentido tendrán que buscar el punto medio entre los dos. Ambos quieren mejorar, y avanzar y esto les ayudará.

3. Compatibilidad de pareja (Templanza)

Entre ellos hay una buena comunicación y entendimiento. Existe empatía. Saben adaptarse bien el uno al otro. Son tolerantes y flexibles. Tienen una relación fluida y agradable. Los dos saben dar y recibir, lo que les facilitará mucho las cosas.

4. Lo que trae ella del pasado (Muerte)

La comunicante tuvo una ruptura que todavía siente en su interior, de otro modo no nos saldría esta carta en esta posición. En el fondo, sigue temiendo que la relación por la que ahora está apostando no llegue a buen puerto, teme una ruptura.

5. Lo que trae él del pasado (Sol)

Del pasado él puede traer hijos, que pueden considerarse «mochilas» importantes. También, unas amistades que hace tiempo que conserva. La carta del Sol nos puede indicar asimismo que él ya sabe lo que quiere porque el pasado le ayuda y le aporta claridad en el tema emocional.

6. Retos que han de superar (Mago)

Ambos deberán utilizar todos sus recursos y tomar la iniciativa para que la relación progrese satisfactoriamente. Tendrán que trabajar y esforzarse para que todo vaya bien. Deberán estar pendientes del trabajo de ambos, o de uno de ellos, y el hecho de adaptarlo a la vida de pareja también será un reto importante. La carta del Mago en una relación de pareja hace referencia a las tareas del hogar, y esta cuestión será otro reto, por lo que recomendaremos a nuestra consultante que hable de este tema y dejen las cosas claras antes de la convivencia.

7. Resultados de la unión en un año (Estrella)

En este primer año, estarán contentos y satisfechos con la relación de convivencia. Tendrán ilusiones, hablarán de proyectos. Habrá una buena química y pasión. Se sentirán jóvenes, se dejarán fluir. Se mostrarán espontáneos.

8. Resultado de la unión en tres años (Luna)

A los tres años, pueden pasar un momento de crisis. Quizás se trate de una falta de comprensión, que no vean las cosas claras. Puede que la química y las novedades del primer año que anunciaba la Estrella vayan disminuyendo y sientan que les falta algo de la chispa que antes tenían.

9. Resultado a siete años (Justicia)

Pasada la crisis, vemos que encuentran el equilibrio en la relación. Renuevan el compromiso, incluso, si en su momento no llegaron a celebrar la boda o no se encargaron de arreglar los papeles, es muy probable que se lo propongan en este período.

10. Lo que ella aprenderá de él (Fuerza)

Aprenderá a tener mano izquierda y a controlar los excesos y sus miedos. También, a ser fuerte y a estar segura de su relación.

11. Lo que él aprenderá de ella (Enamorados)

Aprenderá a dejar fluir sus sentimientos. También, lo que es el amor verdadero, a implicarse en las cosas y a disfrutar de la vida, a ser detallista y a buscar la armonía.

12. Lección que ambos deben aprender
Síntesis de la relación (Carro)

Ambos deberán aprender a llevar las riendas de la relación y avanzar juntos hacia un mismo rumbo, trabajando y superando los baches del camino. Deberán buscar motivaciones y actividades que den dinamismo a la relación, les ayuden a huir de la rutina y del estancamiento. Actuar con diligencia y poniendo entusiasmo en la relación.

Lectura de la pareja

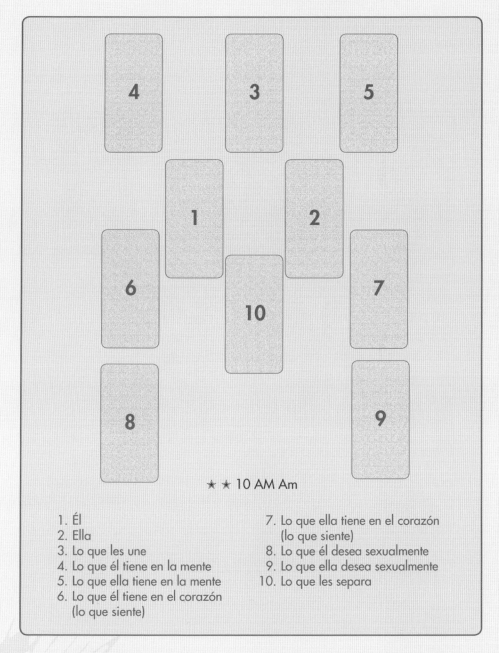

★ ★ 10 AM Am

1. Él
2. Ella
3. Lo que les une
4. Lo que él tiene en la mente
5. Lo que ella tiene en la mente
6. Lo que él tiene en el corazón
   (lo que siente)

7. Lo que ella tiene en el corazón
   (lo que siente)
8. Lo que él desea sexualmente
9. Lo que ella desea sexualmente
10. Lo que les separa

*E*sta lectura la utilizamos para ver cómo evoluciona una relación entre dos personas. Nos permite realizar un chequeo de la relación amorosa. Podemos ver cómo están en este momento cada uno de los dos miembros, qué piensan de la relación, qué sienten y su nivel de satisfacción sexual. Estos tres puntos son unos buenos indicadores para saber si la relación es buena y si ambos van en la misma dirección.

Ejemplo

A continuación, conoceremos la relación de pareja entre un hombre de 51 años y una mujer de 49.

1. Él (Justicia)

Es una persona justa, exigente con él mismo y con los demás. Es mental, le gusta analizar los pros y los contras de las cosas. Es tranquilo y quiere tenerlo todo controlado, a veces puede mostrarse un poco rígido. Valora el compromiso y es una persona comprometida. Le gusta la armonía, las buenas maneras y la buena educación.

2. Ella (Estrella)

Es una persona soñadora y con ilusiones. Se siente jovial y alegre. Le gusta mostrarse con naturalidad, tal como es. Le encanta la naturaleza y los espacios abiertos. Es confiada y tiene un buen corazón. También es sociable y espontánea.

Al analizarlos a ambos, observamos que a nivel personal son compatibles: las dos cartas que les representan pueden llegar a entenderse. Él es más mental y ella es más jovial y espontánea.

3. Qué les une (Enamorados)

Lo que les une son los sentimientos, el enamoramiento está vivo. Entre ellos hay cariño, romanticismo y complicidad. Se cuidan mutuamente. Tienen ganas de estar juntos y de compartir su destino.

4. Qué piensa él de la relación (Fuerza)

Considera que su relación es fuerte, que está controlada, que lo tiene todo: cariño, atracción, comunicación, etcétera. No tiene ningún temor ni duda acerca de la relación.

5. Qué piensa ella de la relación (Carro)

Cree que su relación avanza y progresa bien. Cree que es una relación con muchas posibilidades, con ganas de hacer cosas nuevas. Sabe que tienen un futuro juntos y podrán realizar muchos proyectos.

Ambos creen que la relación tiene futuro. Cada uno a su manera: él, que es más rígido (con la carta de la Fuerza) y ella con más dinamismo (con la carta del Carro).

6. Qué siente él (Templanza)

Se siente cómodo emocionalmente, sus emociones fluyen. Da y recibe sentimientos. Sabe adaptarse a las circunstancias y tiene la capacidad de expresar sus emociones. Se siente bien.

7. Qué siente ella (Sol)

Se siente segura emocionalmente. Sus emociones son cálidas y afectuosas. Tiene claros sus sentimientos, tanto los suyos como los de su pareja. Considera que su pareja es, además, su amigo. Tiene una relación brillante.

Desde el punto de vista emocional, vemos que ambos se sienten queridos y, al mismo tiempo, quieren. Se entienden y se lo demuestran el uno al otro.

8. Qué desea sexualmente él (Sumo Sacerdote)

Su sexualidad es tranquila, se siente satisfecho con ella y no necesita nada más. Considera que un poco de rutina le va bien y le parece que la frecuencia de sus relaciones es la adecuada.

9. Qué desea sexualmente ella (Luna)

No acaba de sentirse satisfecha del todo. La carta de la Luna nos indica que tiene preocupaciones que no expresa. Si nos fijamos bien, ella es jovial y alegre, se siente joven (Estrella), mentalmente es una mujer dinámica y activa (Carro). Esto hace que en el plano sexual necesite más actividad, al contrario de su pareja, que es racional y exigente (Justicia) y necesita tener las cosas controladas (Fuerza). Como el resto de los indicadores son positivos, le recomendaremos que hable con su pareja e intenten poner un poco más de dinamismo y alegría en su vida sexual.

10. Lo que les separa (Ermitaño)

Lo que separa a esta pareja es la rutina y las responsabilidades. También nos puede indicar que ya llevan tiempo juntos. La carta del Ermitaño nos señala que ambos saben que su relación funciona y es segura, y esto hace que se relajen a la hora de trabajar y esforzarse por mejorarla. Las obligaciones cotidianas y el día a día es lo que les pesa.

En general, se trata de una relación que funciona muy bien, son personas en esencia compatibles, sus pensamientos y emociones acerca de la relación son positivas. Lo único que deberían mejorar son las expectativas que tiene ella sobre la sexualidad, y la rutina seguro que es una de las principales causas de su insatisfacción. En este caso este aspecto se puede mejorar porque los otros indicadores son positivos.

Se considera un síntoma de alarma que dos de los tres indicadores (mente, emociones y sexo) de una de las personas sean cartas negativas. En ese caso, deberemos avisar a el/la consultante.

Lectura del sexo

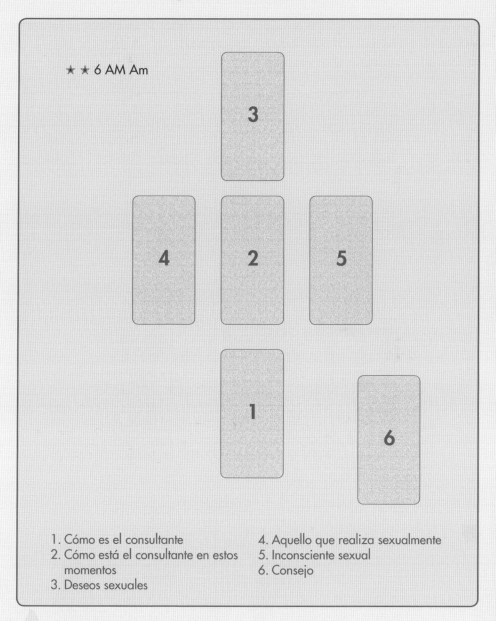

★ ★ 6 AM Am

1. Cómo es el consultante
2. Cómo está el consultante en estos momentos
3. Deseos sexuales
4. Aquello que realiza sexualmente
5. Inconsciente sexual
6. Consejo

Esta lectura generalmente la realizamos cuando en una lectura de la pareja o en una lectura general hemos advertido que en el plano sexual puede haber ciertas dificultades. También la utilizaremos cuando el/la consultante nos lo pregunte.

Esta lectura nos dice cómo es nuestro consultante, cómo se encuentra en estos momentos, qué desea sexualmente y lo que realmente realiza. También podremos conocer sus deseos y le podremos aconsejar.

Ejemplo

Mujer de 32 años que vimos que su vida sexual no iba muy bien. Hemos creído que era importante profundi- zar para saber si la podemos aconsejar y orientar.

1. Ermitaño
2. Suma
3. Diablo
4. Colgado
5. Torre
6. Sumo

★ ★ 6 AM Am

1. Cómo es nuestra consultante (Ermitaño)

Es una persona más bien introvertida, le cuesta comunicarse. Piensa mucho las cosas y siempre quiere llegar al fondo de lo que hace. Es una persona más bien conservadora y de perfil tradicional. Esta carta nos llama la atención, pues aunque es una mujer joven parece mayor de lo que es. También nos puede indicar una familia y unas ideas conservadoras. Es perseverante, realista y muy responsable.

2. Cómo está nuestra consultante en estos momentos (Sacerdotisa)

En la actualidad, está tranquila. Esta carta es coherente con la anterior, las dos expresan tranquilidad, valores y creencias, ideas tradicionales y conservadoras. Igual que antes, ella es una mujer joven y en estos momentos se siente mayor (Sacerdotisa), sigue sintiéndose un poco «antigua». Estas dos cartas, tanto el Ermitaño como la Sacerdotisa, no son cartas muy alegres en el plano sexual.

3. Deseos sexuales (Diablo)

Cuando hablamos de sexo, la carta del Diablo hace referencia a la sexualidad. Esta carta situada en esta posición nos indica que la consultante tiene deseos sexuales fuertes. También nos puede indicar que le preocupan esos deseos que tiene.

4. Aquello que realiza sexualmente (Colgado)

Esta carta en esta posición nos indica que no tiene vida sexual en estos momentos, el Colgado nos indica inacción, espera, pero también bloqueo. La consultante cree que su vida sexual tiene limitaciones y restricciones. Para ella es un sacrificio.

5. Deseos, inconsciente sexual (Torre)

Ella desea liberarse de sus miedos, prejuicios, bloqueos. Desea abrirse a cosas nuevas y dar rienda suelta a sus deseos sexuales.

6. Consejo (Sumo)

Cuando nos sale la carta del Sumo Sacerdote en el apartado consejo, quiere decir que debemos recomendar a nuestra consultante a un especialista, en este caso, será un psicólogo o sexólogo. Sólo con nuestro consejo no basta.

Conclusión

Por lo que hemos visto, esta mujer, quizás debido a su educación o a sus creencias, es muy conservadora (Sacerdotisa y Ermitaño) y estas dos cartas frenan su deseo sexual. Tiene ganas de liberarse pero sus ideas la inhiben. Un especialista le ayudará con calma y escuchándola a dejar atrás estas creencias que la limitan y a poder contemplar la sexualidad como algo natural y sano. Sólo entonces podrá liberarse de sus prejuicios.

Lectura del embarazo

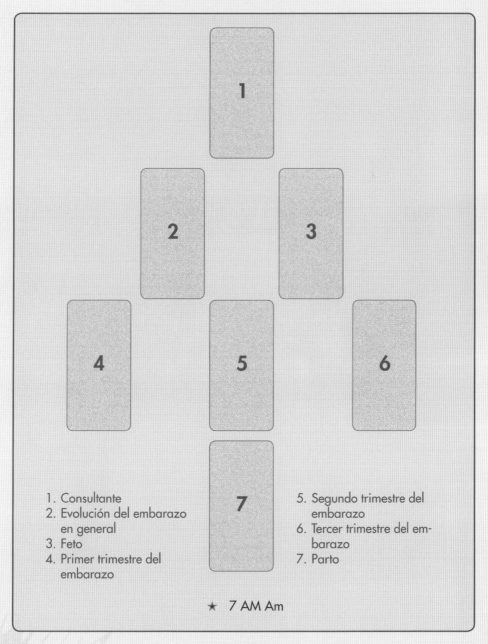

1. Consultante
2. Evolución del embarazo en general
3. Feto
4. Primer trimestre del embarazo
5. Segundo trimestre del embarazo
6. Tercer trimestre del embarazo
7. Parto

★ 7 AM Am

Esta lectura va muy bien cuando una mujer está embarazada y se siente inquieta e intranquila porque no sabe cómo evolucionará su gestación. El hecho de realizar esta lectura le permitirá tomar precauciones o permanecer tranquila. También podemos llevar a cabo esta lectura a una mujer que desea quedarse embarazada, pero tiene miedo y quiere saber cómo le iría en el caso de estar en cinta.

Ejemplo

Joven de 33 años. Tiene un hijo de 2 años y su embarazo fue muy complicado. Ahora se está planteando tener otro hijo y quiere saber en caso de que se decida, cómo le iría el embarazo.

1. Consultante (Justicia)

Nuestra consultante es una persona mental y analítica. En estos momentos está valorando los pros y los contras de tener o no tener un hijo. Le gusta tener las cosas controladas. Necesita armonía y orden en su vida. Para ella es una decisión importante y quiere pensarlo y estar segura.

2. Evolución del embarazo en general (Rueda)

En general, la evolución del embarazo será positiva. Evolucionará correctamente, sin dificultades, ni grandes problemas ni riesgos. Podrá hacer una vida normal.

3. Bebé (Templanza)

En este apartado estudiamos la evolución del feto: si se formará y se desarrollará bien, si estará sano o no, etcétera. La carta de la Templanza nos dice que el bebé se formará correctamente. Se sentirá tranquilo y confortable.

4. Primer trimestre del embarazo (Luna)

Durante el primer trimestre, la madre puede tener preocupaciones, le asaltarán los miedos debido a los recuerdos de su anterior embarazo. Puede ser que tarde un poco en enterarse que está embarazada y esto le genere ciertas dudas e inseguridad. La Luna en este apartado nos puede indicar que puede sentir mareos y cierto malestar.

5. Segundo trimestre del embarazo (Enamorados)

Durante este período se encontrará bien, permanecerá tranquila y contenta. Disfrutará de estos meses. Se sentirá atractiva y guapa, le gustará mostrar su embarazo. Será un tiempo para disfrutar, querer y ser querida, necesitará afecto y cariño.

6. Tercer trimestre del embarazo (Ermitaño)

Esta última etapa del embarazo se le hará pesada y muy larga. Tendrá la sensación de que no se acaba nunca. Se sentirá pesada y le costará moverse. Tenderá a mostrarse más seria e introvertida que en el trimestre anterior. Incluso puede que tenga que hacer un poco de reposo y tomarse las cosas con calma. El parto se puede alargar.

7. Parto (Torre)

Aunque con la carta anterior hemos visto que el parto puede retrasarse un poco, una vez se ponga en marcha, lo hará de una manera repentina, cuando la madre menos se lo espere. Romperá aguas en cualquier sitio y deberá ir corriendo al hospital porque será un parto rápido.

Conclusión

En general, podemos decir que no vemos problemas en el embarazo, lo que tranquilizará a nuestra consultante. No observamos dificultades importantes en el primer trimestre, aunque sí tendrá mareos y estará más sensible por la Luna. También deberemos advertirle de que puede ponerse de parto en el momento menos oportuno, por lo que será importante que en los últimos días de la gestación esté siempre preparada.

Lectura de los negocios

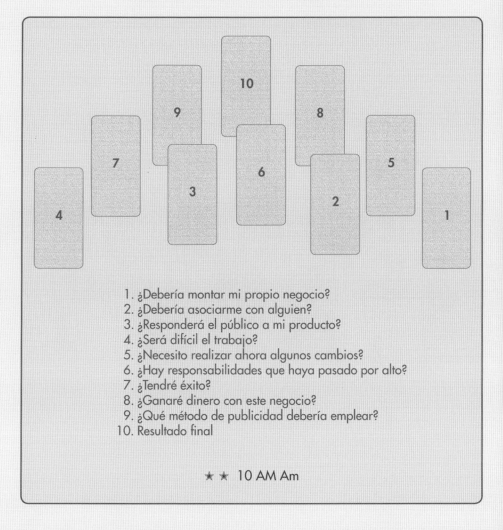

1. ¿Debería montar mi propio negocio?
2. ¿Debería asociarme con alguien?
3. ¿Responderá el público a mi producto?
4. ¿Será difícil el trabajo?
5. ¿Necesito realizar ahora algunos cambios?
6. ¿Hay responsabilidades que haya pasado por alto?
7. ¿Tendré éxito?
8. ¿Ganaré dinero con este negocio?
9. ¿Qué método de publicidad debería emplear?
10. Resultado final

★ ★ 10 AM Am

Esta lectura la utilizamos cuando alguien quiere montar su propio negocio. Nos permite ver las facilidades y dificultades, si es bueno o no que nuestro/a consultante se asocie, si tendrá éxito, si ganará dinero, aspectos relacionados con la publicidad, etcétera. En general, nos da una visión muy amplia que nos permite tener en cuenta factores que en esos momentos nuestro/a consultante no está considerando.

Ejemplo

*U*n hombre de 57 años que en su momento tuvo una pescadería, ahora quiere montar un negocio de venta a domicilio de pescado fresco. Nos pregunta si este negocio puede ser viable o no.

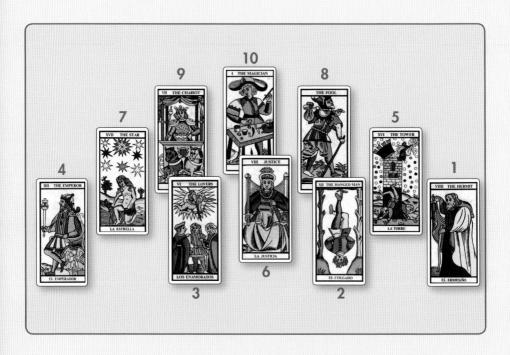

1. *¿Debería montar mi propio negocio? (Ermitaño)*

Nuestro consultante ya lleva tiempo pensando en este negocio. Ha reflexionado profundamente, ha investigado sobre sus posibilidades. También ha preparado una estrategia a medio y largo plazo. Vemos que tiene las cualidades para poderlo montar: es un hombre paciente y perseverante. Debemos advertirle que el Ermitaño requiere siempre tiempo, por lo que deberá olvidarse de conseguir un éxito rápido.

2. *¿Debería asociarme con alguien? (Colgado)*

El Colgado en esta posición nos dice que debe poner limitaciones a la cuestión de los socios, deberá renunciar a asociarse porque ello le podría frenar su proyección. Es mejor que espere a tener todas las cosas preparadas para poder empezar él solo.

3. *¿Responderá el público a mi producto? (Enamorados)*

La gente responderá positivamente. La carta de los Enamorados en esta posición nos dice que la gente verá en este servicio las facilidades que les supone recibir el pescado a domicilio. El pescado que sirva será del gusto de los consumidores, estará bien preparado y tendrá buen aspecto y sabor. Los clientes se sentirán bien tratados y le resultará fácil fidelizarlos.

4. ¿Será difícil el trabajo? (Emperador)

El Emperador nos indica que deberá luchar y organizarse bien. Pero, a la vez, esta carta da la fuerza, el coraje, la valentía y las cualidades para poder salir adelante. El Emperador es ambicioso y lucha para conseguir aquello que se propone. Deberá permanecer activo, dominar la situación y moverse con fuerza.

5. ¿Necesita realizar algunos cambios? (Torre)

Surgirán algunos imprevistos que ocasionarán diversos cambios. Cuando consideramos las posibilidades de un negocio o una empresa, la carta de la Torre también nos habla del local o el edificio. En el presente caso, esta carta nos dice que deberá realizar algunos cambios en el local. Al lado tiene la Justicia, por lo que deberemos advertir a nuestro consultante de que tendrá que seguir las normas relacionadas con la habilitación del local porque, de lo contrario, podría tener alguna complicación.

6. ¿Hay responsabilidades que haya pasado por alto? (Justicia)

Como ya hemos comentado en el apartado anterior, deberá estar muy atento a los temas burocráticos, legales y todo lo relacionado con los permisos, y si es necesario tendrá que pedir consejo a algún especialista. Puede que se olvide o no tenga en cuenta algún requisito burocrático necesario.

7. ¿Tendré éxito? (Estrella)

Sí que tendrá éxito. La carta de la Estrella allí donde nos sale siempre nos da «protección y ayuda». La gente aceptará sus servicios con confianza e ilusión, agradecerá su buen hacer. Tendrá éxito porque sabrá enviar los «mensajes» adecuados y esto llegará a la gente.

8. ¿Ganaré dinero con este negocio? (Loco)

Aquí la carta del Loco nos llama un poco la atención, si tendrá éxito, ¿cómo es que nos sale esta carta en el apartado del dinero? Esto quiere decir que nuestro consultante tendrá clientes, pero deberá reflexionar muy bien acerca de la política de precios y gastos porque puede que ponga precios demasiado bajos y tenga gastos elevados, lo que hará que los beneficios económicos no sean proporcionales o no sean los que él necesita. También puede indicarnos que las ganancias no serán estables.

9. ¿Qué método de publicidad debería emplear? (Carro)

El primer significado que nos aporta la carta del Carro es que deberá mantener una publicidad activa. Además, el Carro nos puede hablar de publicidad en los vehículos: coches, furgonetas, autobuses, etcétera. Nuestro consultante también puede optar por utilizar catálogos o depositar propaganda en los buzones, contratar carteles en vallas publicitarias o en aparcamientos.

10. Resultado final (Mago)

El resultado final es que el consultante tendrá trabajo, pero deberá esforzarse, utilizar todos los recursos que estén en sus manos, trabajar mucho y bien. Deberá estar al pie del cañón, tomar la iniciativa y ser creativo.

Lectura de los conflictos en el trabajo

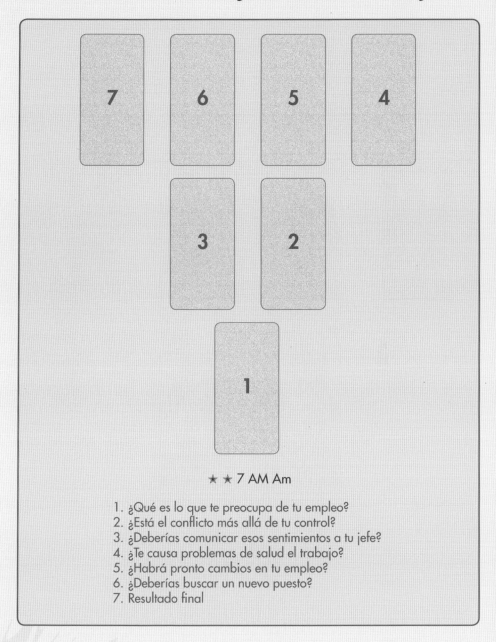

★ ★ 7 AM Am

1. ¿Qué es lo que te preocupa de tu empleo?
2. ¿Está el conflicto más allá de tu control?
3. ¿Deberías comunicar esos sentimientos a tu jefe?
4. ¿Te causa problemas de salud el trabajo?
5. ¿Habrá pronto cambios en tu empleo?
6. ¿Deberías buscar un nuevo puesto?
7. Resultado final

Esta lectura, como su nombre indica, va destinada a personas que tienen conflictos en su ámbito laboral. Nos permitirá ver cuáles son sus preocupaciones, si el/la consultante deberá hablar o no con su superior, si los problemas le afectan físicamente, si hay posibilidad de que se produzcan cambios o mejoras o si debería buscarse otro empleo.

Ejemplo

Mujer de 59 años que trabaja de enfermera en un hospital. Está muy preocupada por el tema laboral y quiere saber si su estrés durará mucho y cómo acabará todo.

1. ¿Qué es lo que le preocupa en relación a su empleo? (Diablo)

La carta del Diablo nos indica que no hay sólo un motivo que le preocupe, sino que ella está estresada y agobiada en general. Está crispada, en su trabajo se respira mal ambiente, mucha rivalidad, tensión y competitividad. Esta situación la angustia. Si hubiese salido la carta de la Rueda, la preocupación sería económica. Si hubiese salido el Carro, nos aclararía que el motivo del estrés es la distancia del lugar de trabajo. La carta del Sumo Sacerdote o la Sacerdotisa nos señalarían que los superiores serían los causantes del malestar, etcétera.

2. ¿Está el conflicto más allá de su control? (Loco)

La carta del Loco no es una carta que precisamente señale control. Esta carta nos indica que aquí puede pasar cualquier cosa. Existe inestabilidad y descontrol. Nuestra consultante está desorientada y no sabe qué hacer. Está muy inestable anímicamente. Deberemos aconsejarle que se calme e intente centrarse.

3. ¿Debería comunicar esos sentimientos a su superior? (Luna)

Esta carta no nos aporta claridad, en realidad, es el reflejo de nuestra consultante. La Luna nos indica que aunque hable con su superior éste no la entenderá, puede incluso que la malinterprete o le genere cierta desconfianza. En este caso, teniendo en cuenta la carta del Loco que aparece al lado, no aconsejaríamos a nuestra consultante que comente nada con los superiores. Antes debe aclararse ella.

4. ¿Le causa problemas físicos el trabajo? (Torre)

Ella no se siente bien y su organismo está descontrolado. Está excitada, nerviosa y se muestra agresiva. Se siente como si estuviera a punto de explotar. Deberemos otra vez recomendarle paciencia, control y quizás la visita a un médico o un psicólogo.

5. ¿Se producirán pronto cambios en su empleo? (Colgado)

Esta carta nos indica que no habrá cambios en un futuro cercano. Las cosas permanecerán igual que estaban, con sus sacrificios y sus limitaciones. La única posible salida es intentar ver las cosas desde otro punto de vista y hacer todo lo posible por no agobiarse, pero con las cartas que han salido vemos que es una situación realmente difícil.

6. ¿Debería buscarse un nuevo puesto de trabajo? (Muerte)

La Muerte nos indica que ella no puede seguir así, debe hacer algún cambio y este cambio debe ser radical, no sólo un pequeño cambio. Le aconsejaremos que intente pedir un cambio de puesto de trabajo dentro de la misma empresa, pero ya hemos visto que sus jefes no la escucharán, esto también deberemos advertírselo. Si esto no funciona, debería empezar a buscarse otro trabajo.

7. Resultado final (Carro)

La carta del Carro nos indica y nos confirma que ella se moverá, se marchará de donde está. Por fin, la consultante llevará las riendas de las circunstancias con fuerza y buscará un nuevo camino en el que ella pueda sentirse segura y avanzar.

Lectura del pleito

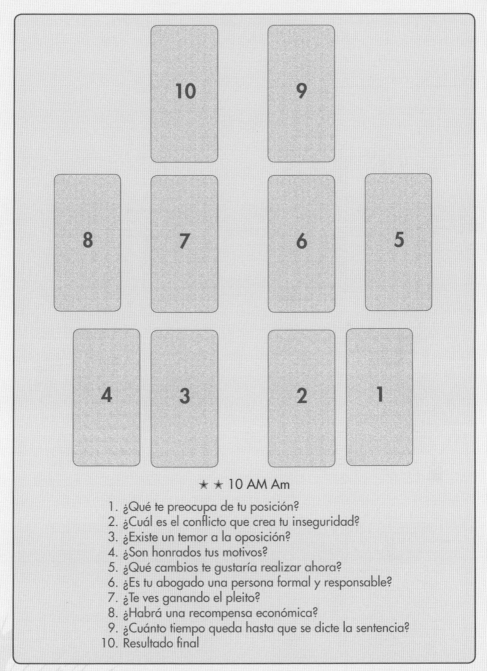

★ ★ 10 AM Am

1. ¿Qué te preocupa de tu posición?
2. ¿Cuál es el conflicto que crea tu inseguridad?
3. ¿Existe un temor a la oposición?
4. ¿Son honrados tus motivos?
5. ¿Qué cambios te gustaría realizar ahora?
6. ¿Es tu abogado una persona formal y responsable?
7. ¿Te ves ganando el pleito?
8. ¿Habrá una recompensa económica?
9. ¿Cuánto tiempo queda hasta que se dicte la sentencia?
10. Resultado final

Los temas legales, pleitos y juicios, generan grandes tensiones en las personas. Esta lectura la utilizaremos para ver la evolución de un pleito. Podremos saber si la motivación de nuestro/a consultante es honorable, si el abogado es profesional y eficiente, si ganará o no el pleito, si habrá compensación económica, etcétera.

Ejemplo

Hombre de 45 años ha impugnado el testamento de su padre porque cree que su hermana le influenció y/o enga- nó para que pusiese el piso a su nombre. Alega que su padre no estaba en sus cabales cuando firmó.

1. ¿Qué te preocupa con respecto a tu posición? (Emperatriz)

En este caso, la carta de le Emperatriz representa a su hermana, y ella es lo que le preocupa. Le puede preocupar que ella salga ganando, que ella sea más fuerte y tenga pruebas más claras, que sea su hermana quien domine la situación y se salga con la suya.

2. ¿Cuál es el conflicto que crea su inseguridad? (Sacerdotisa)

Lo que a nuestro consultante le crea inseguridad no es sólo la cuestión económica, ni la del testamento, lo que le genera inseguridad es la figura de su madre (Sacerdotisa), le cuesta entender que ella no pensara en él.

3. ¿Existe temor a la oposición? (Fuerza)

Él teme que la oposición, en este caso su hermana y sus abogados, sean más fuertes que ellos, que controlen más los temas legales. Teme que ellos impongan sus razones, que sus convicciones sean más fuertes.

4. ¿Son honrados sus motivos? (Luna)

La carta de la Luna en esta posición nos indica que sus motivaciones no acaban de ser claras, que más bien son emocionales. También puede señalarnos que él nos está ocultando algo, que lo que nos cuenta no es del todo verdad, hay alguna cosa que nos esconde.

5. ¿Qué cambios le gustaría realizar ahora? (Templanza)

En estos momentos le gustaría negociar, que se llegara a un pacto que fuese bueno para ambas partes. Le gustaría que su hermana se pusiese en su lugar y fuese un poco más flexible. Desearía poderle expresar sus sentimientos y que ésta le comprendiese.

6. ¿Su abogado es una persona formal y responsable? (Justicia)

Su abogado es justo y exigente. Es una persona honrada, legal y que hace bien su trabajo. Es responsable y domina los temas legales y burocráticos. Sabrá jugar bien sus cartas, es analítico y planificador.

7. ¿Se ve ganando el pleito? (Carro)

El consultante se ve victorioso, ganando el pleito y pudiendo dejar atrás todo lo que le inquieta de la herencia, incluso la madre y la hermana. Se ve avanzando hacia un nuevo camino con la cabeza bien alta.

8. ¿Habrá una recompensa económica? (Colgado)

La carta del Colgado en esta posición sólo puede indicarnos: *a)* que no recibirá recompensa económica alguna *b)* que la recompensa que reciba será mínima en comparación con las expectativas que tiene nuestro consultante.

9. ¿Cuánto tiempo queda hasta la sentencia? (Sol)

La carta del Sol cuando se refiere al tiempo nos habla de un año o hasta el próximo verano. Si hubiese salido la Muerte, haría referencia al invierno, la Estrella, a la primavera y el Ermitaño, al otoño.

10. Resultado final (Juicio)

Nuestro consultante deberá replantearse el resultado del juicio y tomar conciencia de ello. Como hemos visto, no recibirá compensación económica alguna, y eso hará que recurra, vuelva a «despertar» el tema si el resultado no es de su agrado.

Conclusión

En general, vemos que el tema, además de económico es emocional, por lo que deberemos tener mucho cuidado a la hora de comunicar la interpretación de las cartas. Está claro que al consultante en este juicio le va a resultar difícil tener razón. Le aconsejaremos intentar llegar a un acuerdo con la hermana.

Lectura del tiempo o del cuándo

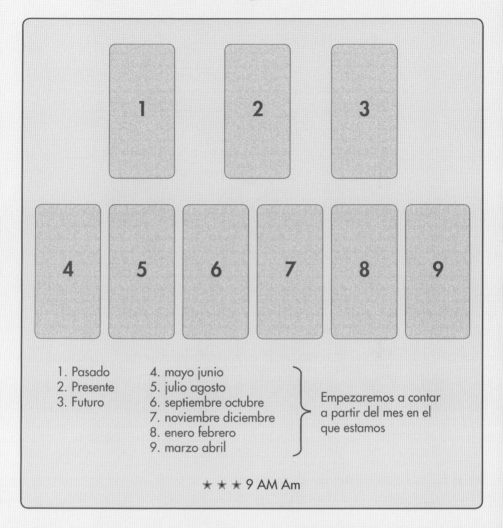

1. Pasado
2. Presente
3. Futuro

4. mayo junio
5. julio agosto
6. septiembre octubre
7. noviembre diciembre
8. enero febrero
9. marzo abril

} Empezaremos a contar a partir del mes en el que estamos

★ ★ ★ 9 AM Am

*É*sta es la eterna pregunta del Tarot: ¿Cuándo?, ¿Cuándo?... Todos sabemos que en el Tarot no existe el tiempo, lo que vemos son hechos, no fechas, pero podemos intentar acercarnos y una de las lecturas que nos ayuda es precisamente ésta.

Esta lectura generalmente la utilizamos para matizar y buscar el tiempo o ver cuándo sucederá algo que ya hemos planteado en una lectura anterior. Las tres cartas de la parte superior nos hablarán del pasado, presente y futuro. En la parte inferior, tenemos la evolución del tiempo a través de un año, organizado bimensualmente contando a partir del mes en el que nos encontramos.

El tiempo en esta lectura es orientativo. Una vez el consultante tiene la información de la tendencia, él/ella pueden moverse para avanzar o retrasar las cosas. Si no hace nada ésta es la tendencia.

Ejemplo

*U*n hombre de 39 años está sin traba- un trabajo. Queremos concretar mejor
jo. Hemos realizado una lectura de la el tiempo y la evolución. Estamos en el
Cruz Celta para ver cuándo encontrará mes de noviembre.

1. Pasado (Colgado)

Aquí el Colgado nos habla de la falta de trabajo de nuestro consultante. El Colgado hace referencia al paro y a los sacrificios que éste comporta. El Colgado nos
explica que en el pasado él no tenía trabajo, por lo que vemos que esta persona ya
lleva tiempo desempleada.

2. Presente (Muerte)

Ahora se va a producir un cambio, y como en estos momentos él no tiene trabajo, en este caso el cambio implica que sí va a encontrarlo. En el caso contrario,
es decir, que él sí tuviese trabajo, la carta de la Muerte podría indicar que podría
quedarse sin trabajo. La Muerte también nos habla de un cambio de actitud, una
trasformación personal. El consultante se mueve por ámbitos diferentes y lleva a
cabo nuevas tácticas para conseguir trabajo.

3. Futuro (Justicia)

Después del cambio de la carta anterior, llegará el momento en que nuestro consultante encontrará una oferta de trabajo sobre la cual deberá pensar los pros y los contras. La Justicia hace referencia a un contrato, que él deberá analizar, pensar, valorar y si lo cree necesario comprometerse. Esto nos confirma que en un futuro él tendrá la posibilidad de encontrar empleo.

❧ Ahora empezaremos a contar los meses de dos en dos a partir del mes en el que nos hallamos. Supongamos que estamos en el mes de noviembre.

4. Noviembre-diciembre (Luna)

Durante estos dos meses nuestro consultante estará un poco bajo de moral, con falta de confianza, no sabrá hacia dónde dirigir sus esfuerzos ni por dónde empezar la búsqueda de empleo. Por mucho que se mueva, tampoco encontrará nada que se adapte a sus necesidades.

5. Enero-febrero (Rueda)

Durante este período nuestro consultante tendrá ganas de mejorar, se empezará a mover y ampliar el área de acción para buscar trabajo. La cuestión económica tendrá mucha importancia y será el motor que le lleve a permanecer activo. Estará abierto a nuevas cosas y nuevos retos, se sentirá activo y confiado.

6. Marzo-abril (Sumo)

En marzo y abril es posible que aparezca una persona con cierta influencia que le puede ayudar, orientar y aconsejar para poder encontrar empleo. Esta persona también puede ser quien le ofrezca un trabajo.

7. Mayo-junio (Templanza)

En este período, después de aparecer el Sumo Sacerdote, entraremos en un momento de comunicación y de negociación en el que se hablará de temas laborales, económicos y contractuales. Deberán ponerse de acuerdo ambas partes.

8. Julio-agosto (Mago)

Será en verano que nuestro consultante empezará a trabajar, es este período se concretarán los temas que ya se han hablado anteriormente. Lo que empezó con el Sumo Sacerdote en marzo-abril y que se negoció en mayo-junio se materializa en julio-agosto.

9. Septiembre-octubre (Ermitaño)

El Ermitaño en estos dos meses nos indica que el trabajo que el consultante empezará en verano continuará en los meses de septiembre y octubre. El Ermitaño nos mantiene y hace que se alarguen las situaciones. En el caso laboral nos permite que el trabajo perdure.

Conclusión

Podemos ver que a principios de año, el tema laboral de nuestro consultante empieza a activarse. Y de cara al verano se concreta. Si él hace bien las cosas este trabajo puede ser duradero. Le animaremos para que se esfuerce y consiga unos buenos resultados.

Lectura del dinero

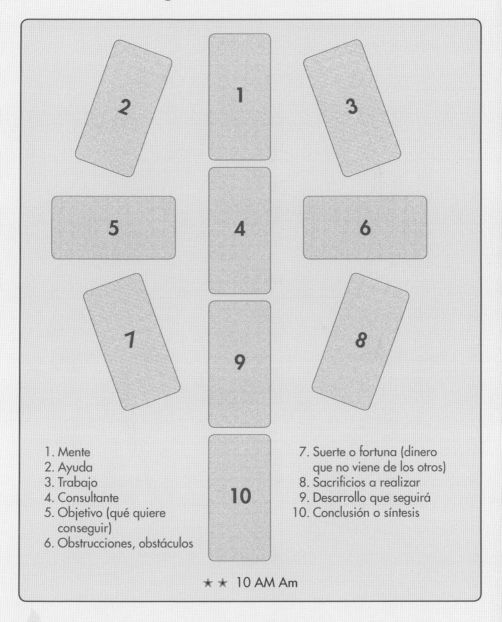

1. Mente
2. Ayuda
3. Trabajo
4. Consultante
5. Objetivo (qué quiere conseguir)
6. Obstrucciones, obstáculos
7. Suerte o fortuna (dinero que no viene de los otros)
8. Sacrificios a realizar
9. Desarrollo que seguirá
10. Conclusión o síntesis

★ ★ 10 AM Am

Ésta es una lectura que utilizamos cuando vemos que nuestro/a consultante muestra interés por sus asuntos económicos. Con la lectura del dinero podemos ver la mente de nuestro/a consultante, las ayudas que tiene, su trabajo, sus objetivos, los obstáculos, la evolución, etcétera. Si alguien nos quiere consultar por problemas o inquietudes económicas, esta lectura nos permitirá ir un poco más allá y ver las tendencias económicas de la persona en cuestión.

Ejemplo

$\mathcal{U}$na mujer de 32 años que se acaba de separar y está preocupada por su economía, no sabe si podrá salir adelante sola.

1. Mente (Loco)

Este apartado hace referencia a la mente de nuestra consultante respecto al tema económico. El Loco nos indica que ella en estos momentos no tiene las ideas claras, no sabe cómo está su economía y tampoco hacia dónde dirigirse. El Loco (principio y final) también nos señala que está dispuesta a empezar una nueva etapa aunque no está segura si su esfuerzo será suficiente. También puede indicar que en estos momentos no sabe con exactitud cuáles son sus necesidades económicas.

2. Ayuda económicas (Luna)

Esta carta nos está reforzando el apartado anterior, en el que ella aparece como una persona que no sabe, ni ve claras las salidas, ni las ayudas que puede conseguir. Tiene miedos y se siente insegura. Hemos visto que está desorientada y esto hace que no vea las posibles ayudas. Deberemos advertirle que intente centrarse un poco, porque puede dejar pasar por alto alguna ayuda.

3. Trabajo (Juicio)

Este apartado nos habla de su trabajo y del dinero que éste le proporciona. Con el Juicio vemos que ella está reflexionando sobre su trabajo. Se está replanteando su futuro laboral y la parte económica. Esta carta aquí nos va bien porque ayudará a nuestra consultante a hacer un inventario y detalle del dinero que gana trabajando y del que puede llegar a ganar. El Juicio también hace referencia a puede reclamar o pedir una revisión o un aumento de sueldo y, si no consigue lo que cree que es justo, puede que se proponga buscar un nuevo empleo.

4. Consultante (Templanza)

Aquí vemos como está en estos momentos psicológicamente. La Templanza nos dice que está intentando adaptarse a la nueva situación. Se siente protegida (ángel). Tiene la capacidad para gestionar sus emociones. Es capaz de comunicar bien sus sentimientos y experiencias, y esto le ayuda a sentirse mejor.

5. Objetivo (Carro)

Su objetivo personal y económico es poder salir adelante. Avanzar, superando y controlando las dificultades del camino. La consultante quiere dirigir su vida y controlarla ella misma. Se siente joven y con ganas. Tiene ideales y esperanzas. Es valiente y está dispuesta a progresar y luchar para lograr sus objetivos. Si tiene un hijo el Carro podría representar a éste, por lo que su meta sería poder seguir adelante «con y para» su hijo.

6. Obstáculos (Torre)

La carta de la Torre nos habla de imprevistos, en este caso, económicos, gastos que no esperábamos. Se refiere a una economía que más bien se desmorona. La Torre también hace referencia a cuestiones relacionadas con inmuebles, por lo que estos gastos imprevistos pueden proceder de la casa. O también puede indicarnos que los costes de la casa le están descontrolando la economía.

7. Suerte o dinero que viene de los otros (Mago)

Ella tiene recursos y habilidades para conseguir dinero de los otros (familia, Estado, vía ayudas o subvenciones, herencias, amistades, etcétera.). Pero la carta del Mago nos señala que ella tendrá la capacidad de trabajar y que el dinero le vendrá de su propio esfuerzo, trabajo y habilidades.

8. Sacrificios a realizar (Colgado)

La carta del Colgado ya nos habla de sacrificios, por lo que nos está confirmando que ella deberá apretarse el cinturón, sacrificarse y esforzarse. Deberá bajar su ritmo de vida y dejar de hacer cosas que antes hacía y con las que disfrutaba. Éste es un momento de esfuerzo. La consultante deberá aprender a ver las cosas desde otro punto de vista.

9. Desarrollo que seguirá su economía (Ermitaño)

Su evolución o mejora económica será lenta y dificultosa. Irá mejorando lentamente, pero en ese camino y mediante en esfuerzo aprenderá a dar el valor justo a las cosas. El suyo será un avance lento pero progresivo.

10. Conclusión o síntesis (Justicia)

La conclusión es que la consultante conseguirá equilibrar su economía a partir de un análisis de su contabilidad. Pondrá orden a sus gastos y asumirá sus responsabilidades con esfuerzo. Podrá pagar todas sus facturas y conseguirá tener unas finanzas saneadas.

Lectura de la salud

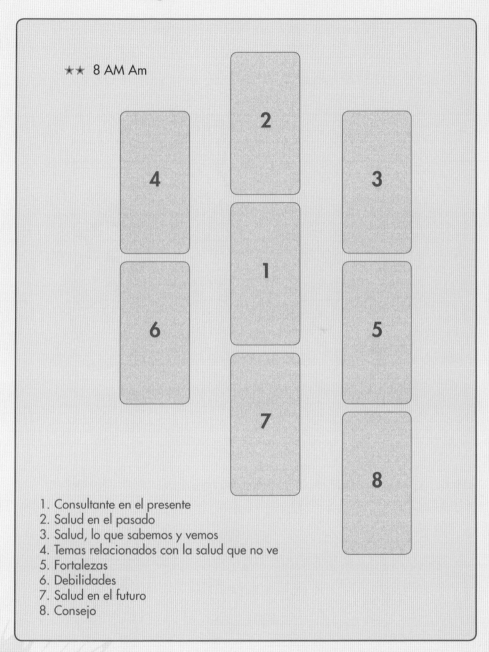

★★ 8 AM Am

1. Consultante en el presente
2. Salud en el pasado
3. Salud, lo que sabemos y vemos
4. Temas relacionados con la salud que no ve
5. Fortalezas
6. Debilidades
7. Salud en el futuro
8. Consejo

La lectura de la salud la utilizaremos para conocer la salud general de las personas que quieren saber cómo se encontrarán los próximos meses. Esta lectura NO sirve para saber acerca de operaciones ni enfermedades graves que la persona tenga. Nos indica cómo está la persona a nivel de salud, cuáles son sus puntos débiles que deberá cuidarse y cuáles son sus puntos fuertes, consejos, etcétera.

Ejemplo

Mujer de 47años que nos pregunta por su salud.

1. Consultante en el presente (Sacerdotisa)

Si te fijas bien nuestra consultante tiene 47 años y le correspondería la carta de la Emperatriz, pero nos ha salido la carta de la Sacerdotisa. Esto nos indica que nuestra consultante se siente como la Sacerdotisa: es una mujer tranquila, que necesita su espacio personal, con una gran vida interior, con unos valores, que sabe escuchar y aconsejar. Lleva una vida tranquila y serena.

2. Salud en el pasado (Loco)

El Loco nos indica que en el pasado tuvo algunos problemas de salud, pero que fueron pasajeros, le generaron cierta inestabilidad pero no llegaron a ser graves, no vemos ingresos (Torre), ni cosas complicadas (Diablo).

3. Lo que sabemos y vemos de la salud (Muerte)

La Muerte nos indica que en estos momentos nuestra consultante sabe que debe cuidarse los huesos y, en especial, la espalda. Debe hacer algunos cambios en su vida cotidiana para mejorar su salud.

4. Temas relacionados con la salud que no ve (Ermitaño)

Ella no sabe que la causa de los problemas de espalda puede ser postural: el Ermitaño va encorvado y esto le repercute en su espalda. También nos indica que puede tener algo que procede del pasado y puede convertirse en crónico.

5. Fortalezas (Fuerza)

La Fuerza nos indica que ella tiene la fuerza física e interior para superar cualquier cosa. Existen dos cartas que en el plano de la salud nos dan fuerza y vitalidad, una es la Fuerza y la otra es el Sol. La Fuerza también nos indica que ella tendrá la energía suficiente para controlar lo que haga falta. En relación a su espalda, la consultante puede fortalecer la musculatura.

6. Debilidades (Templanza)

La Templanza se corresponde al aparato digestivo, y éste puede ser un punto sensible, que deberá cuidarse. Pero también representa todas aquellas cosas que se ingieren. Deberemos advertir a nuestra consultante que cualquier medicación que le den puede afectar a su sistema digestivo.

7. Salud en el futuro (Juicio)

El Juicio cuando hablamos de temas relacionados con la salud nos habla de chequeo. En el futuro habrá algún problema que reclamará su atención, que le generará molestias y le obligará a someterse a algunas pruebas generales. Ella tomará conciencia de su salud y de la importancia que tiene estar bien.

8. Consejo (Sumo Sacerdote)

Le aconsejaremos que se cuide, le advertiremos que no vemos cosas graves ni peligrosas, pero le recomendaremos que consulte con el médico en relación a la espalda y el sistema digestivo.

ARCANO	PUNTO DÉBIL
Mago	Médico de cabecera. Recursos.
Sacerdotisa	Dolores de cabeza. Menopausia. Tranquilidad.
Emperatriz	Órganos sexuales femeninos. Estética. Disfrute.
Emperador	Órganos sexuales masculinos. Estrés. Lucha.
Sumo Sacerdote	Enfermedades de gente mayor. Próstata. Especialista.
Enamorados	Pulmones, brazos y hombros. Enfermo por amor. Decisiones.
Carro	Aparato locomotor. Controla y mejora.
Justicia	Pruebas médicas. Papeleo. Equilibrio.
Ermitaño	Enfermedades crónicas. Tratamientos largos. Resistencia.
Rueda	Evolución de la salud. Dinero que nos puede costar.
Fuerza	Boca, garganta, cuello. Energía.
Colgado	Reposo, enfermedad, convalecencia. Ingreso. Coágulos, piedras…
Muerte	Huesos. Espalda. Tratamiento radical. Cambio.
Templanza	Aparato digestivo. Dificultades en el habla. Tratamiento oral.
Diablo	Ansiedad, estrés. Complicaciones. Instinto de supervivencia.
Torre	Imprevistos. Accidentes. Hospital. Expansión.
Luna	Enfermedad. Sangre. Presión arterial.
Estrella	Aparato urinario. Líquidos. Protección.
Sol	Vista. Fiebres. Piel. Enfermedades tropicales e infantiles. Recuperación.
Juicio	Chequeo. Enfermedades que se vuelven a manifestar. Replanteamiento de la vida.
Mundo	Evolución del embarazo. Recuperación exitosa.
Loco	Trastornos mentales. Enfermedades pasajeras. Tratamientos cortos.

Lecturas generales

Las lecturas generales son las más importantes. Son aquellas que utilizamos cuando llega nuestro/a consultante y nos permiten ver cuáles son los temas que le preocupan, sin que él /ella nos diga nada. Las lecturas generales:

- Nos ayudan a establecer unas prioridades.

- Nos orientan sobre cómo es la persona que tenemos delante.

- Son las más importantes, constituyen el 70 por 100 de la interpretación de una consulta.

- Nos ayudan a ver cómo hemos conectado con la persona y lo fluidos que estamos.

En las lecturas generales podemos encontrarnos con dos tipos de tiradas:

- Las que nos marcan unos ámbitos concretos: dinero, familia, pareja, salud, etcétera. Las cartas que nos salen nos dicen cómo evolucionará el tema. Por ejemplo: lectura general y lectura astrológica.

- Las que no se relacionan con un ámbito concreto y son las propias cartas que nos salen las que nos dicen qué es lo importante para el/la consultante. Por ejemplo, lectura de nueve cartas y lectura de trece cartas.

En una consulta profesional, siempre empezamos con una lectura general, establecemos unas prioridades y después vamos concretando y profundizando con lecturas concretas. Pocas veces empezaremos con lecturas concretas.

Lectura general de las nueve cartas

Esta lectura es muy sencilla, se puede utilizar como lectura general, pero también para una pregunta concreta. Emplearemos los Arcanos mayores pero podemos trabajar también con la baraja completa (Arcanos mayores y menores). La primera hilera nos hablará de los temas importantes del pasado de la persona. La segunda hilera de cartas del presente y lo que en estos momentos es más relevante. La tercera hilera nos hablará del futuro, hacia dónde tienden a ir las cosas, la tendencia de futuro.

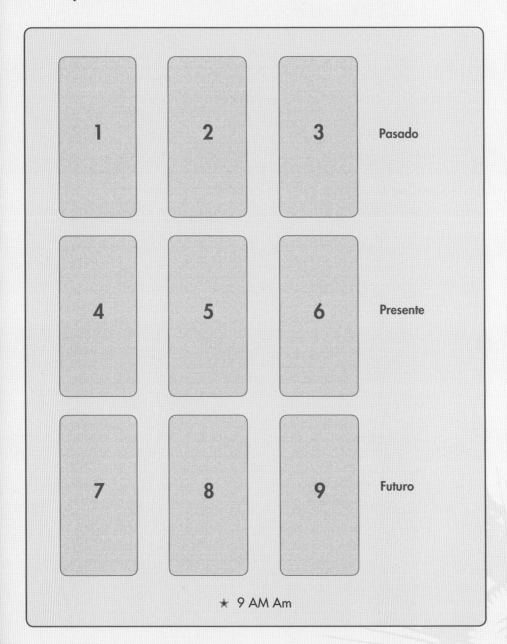

★ 9 AM Am

Ejemplo

$\mathcal{V}$amos a empezar con una interpretación. Nuestra consultante es una mujer de 34 años y realizaremos una lectura general con la tirada de las nueve cartas.

1, 2 y 3. Pasado

Antes de empezar carta por carta, es importante que echemos una mirada rápida a las tres cartas de este bloque. Lo primero que vemos es que el Mago está en medio, rodeado de dos cartas no muy favorecedoras (Colgado y Loco). Esto ya nos da una información importante, en el pasado el tema del trabajo (Mago) es lo que tuvo más importancia. Ahora, realizaremos la interpretación paso a paso.

En el pasado nuestra consultante tuvo un trabajo (Mago) con ciertas limitaciones, por lo que tenía que hacer sacrificios (Colgado) que le generaban cierta inestabilidad (Loco). Estas tres cartas también nos pueden indicar que tenía un trabajo a tiempo parcial (Loco) y las limitaciones (Colgado) también podrían deberse a horarios, o a que le pagasen poco.

4, 5 y 6. Presente

Al estudiar las tres cartas del presente vemos que la Rueda de la Fortuna está en medio, lo que nos indica que en el presente el tema económico es el más relevante.

En estos momentos, la Emperatriz que hace referencia a nuestra consultante está mirando la carta de la Rueda de la Fortuna (dinero). Al otro lado, tenemos la carta del Ermitaño, que nos indica en el plano económico que tiene unos ingresos austeros pero que los recibe de manera continuada. Por lo tanto, si recordamos la inestabilidad laboral del pasado, podemos decir que ahora tiene unos ingresos austeros pero constantes.

7, 8 y 9. Futuro

Al observar las cartas del futuro nos llama la atención la carta de los Enamorados. Está claro que en el futuro el tema sentimental será el importante.

La primera carta que aparece es la carta del Emperador (Hombre maduro) que aparecerá en el futuro. Al lado tenemos la carta de los Enamorados, lo que quiere decir que la llegada de este hombre hará que afloren los sentimientos de nuestra consultante y se enamore. Pero le deberemos aconsejar prudencia, pues el Emperador está de espaldas a los Enamorados, puede ser que estos sentimientos no sean recíprocos. Ella deberá valorar los pros y los contras (Justicia) de sus sentimientos y ver si le vale la pena o no luchar por esta relación.

Conclusión

En general, podemos decir que el tema laboral y económico son importantes para nuestra consultante, pero que de cara al futuro el tema sentimental irá ganando terreno.

Lectura general de las trece cartas

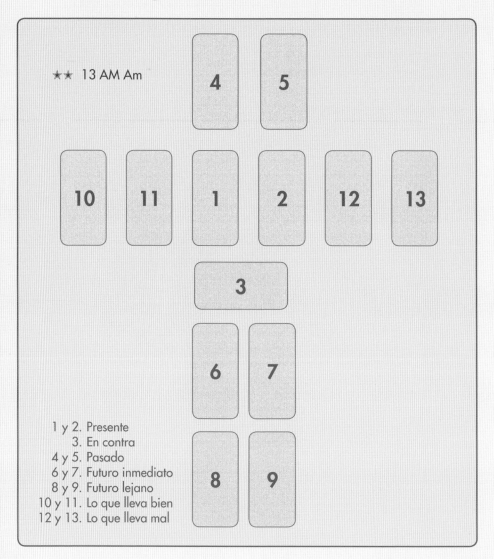

★★ 13 AM Am

4

5

10 11 1 2 12 13

3

6 7

1 y 2. Presente
3. En contra
4 y 5. Pasado
6 y 7. Futuro inmediato
8 y 9. Futuro lejano
10 y 11. Lo que lleva bien
12 y 13. Lo que lleva mal

8 9

*I*gual que la lectura anterior de «Las nueve cartas», esta lectura puede utilizarse como lectura general, pero también para responder a una pregunta concreta. En este caso, utilizaremos los Arcanos mayores pero puede llevarse a cabo con todos. Pertenece al mismo grupo de lecturas generales en las que son las cartas las que nos van a indicar los temas importantes para nues-tro/a consultante. Esta lectura es algo más amplia que la anterior y, con ella, vemos un poco el pasado de la persona, desde el presente nos señala lo que tiene en contra, lo que en estos momentos lleva bien, lo que son sus potenciales, y lo que lleva mal, sus obstáculos. También podemos ver la tendencia de futuro a medio y largo plazo. Vamos a poner un ejemplo.

Ejemplo

Nuestro consultante es un hombre que acaba de cumplir 44 años y que se acerca a nosotros para realizar una consulta. Recuerda que siempre debemos empezar con una lectura general, en la que sin que el/la consultante nos diga nada nosotros/as deberemos averiguar cuáles son los temas más importantes para él.

1, 2. Presente

En el presente nos encontramos con la carta de El Colgado y del Loco, estas dos cartas nos indican que nuestro consultante se encuentra en un momento de bloqueo (Colgado) y desorientado (Loco). Puede sentirse perdido y por este motivo no avanza. Siente que tiene limitaciones y que las cosas están paradas. También existe un sentimiento contradictorio, por un lado, necesita detenerse para reflexionar (Colgado) y, por otro, el Loco le pide dinamismo y que se lance, aunque en estos momentos no sabe hacia dónde. En este caso deberíamos recomendarle que se tome un tiempo (Colgado) para poder empezar de nuevo (Loco).

3. En contra

Esta posición nos habla de lo que nuestro comunicante tiene en contra en el presente. La carta del Sol nos dice que él en estos momentos no tiene la claridad suficiente para saber lo que quiere. También nos indica que le puede faltar autoestima. No tiene la seguridad ni la confianza en sí mismo, le falta la energía y vitalidad. La carta del Sol también hace referencia a los demás, a los amigos, que en este caso él siente que no le están apoyando.

4 y 5. Pasado

En el pasado encontramos la carta de la Luna y la Sacerdotisa. La Luna nos indica que él ha pasado por un período de incertidumbre y de falta de claridad, en el que los miedos y la inseguridad le han invadido. La carta de la Sacerdotisa al lado nos puede indicar que ha tenido que escuchar su interior y enfrentarse a sus miedos. Estas dos cartas también nos señalan que es una persona susceptible y esto ha hecho que, por un lado, se mostrase más sensible de la cuenta y que las cosas le hayan afectado mucho, pero, por otro, también que se trata de una persona sensible e intuitiva. La combinación de ambas cartas nos indica asimismo que él en el pasado tuvo algunas dudas (Luna) a cerca de algunos estudios (Sacerdotisa). Estas dos cartas –Luna y Sacerdotisa– pueden añadirnos otra interpretación: en el pasado él puede haber tenido a su madre o a una mujer mayor (Sacerdotisa) enferma o que le ha generado ciertas preocupaciones (Luna).

6 y 7. Futuro inmediato

En el futuro inmediato nuestro consultante podrá liberarse de sus bloqueos (Torre) de una manera controlada (Emperador). Puedes observar, además, que el Emperador está mirando a la Torre, esto nos indica que lo hará de una manera consciente. Tendrá el coraje, la energía y la voluntad para hacer frente (Emperador) a los posibles imprevistos que puedan presentarse. Pasará por un momento de «limpiar y tirar» todas aquellas cosas del pasado que ya no son útiles, tanto las cosas materiales, como las actitudes personales. Se sentirá fuerte. Deberemos aconsejarle un poco de prudencia, pues la combinación de ambas cartas nos indican que puede que en algunos momentos el consultante se precipite y se muestre un poco impulsivo y brusco. Además, puede tender a gastar más energía de la que tiene. Por otro lado, la Torre también nos habla de bienes inmueble, motivo por el que en un futuro nuestro consultante estará pendiente de algún tema relacionado con propiedades.

8 y 9. Futuro lejano

En el futuro lejano con la Fuerza y el Mago vemos que nuestro consultante acabará controlando (Fuerza) y sabiendo cómo utilizar sus recursos (Mago). Ambas cartas juntas nos dan mucha información y se potencian una a la otra, porque son dos cartas de energía parecida. Si nos fijamos bien comprobamos que las dos cartas se miran e, incluso, tienen algún parecido, las dos tienen sombrero con forma de infinito, esto nos indica que nuestro consultante tendrá las cosas claras, la mente ágil y poseerá muchos recursos en cuanto a ideas. La carta de la Fuerza nos dice que en el futuro tendrá la fuerza interior para conseguir lo que desee, en este caso, como al lado tiene la carta del Mago, nos hablará del trabajo, le podemos decir que en un futuro lejano su motivación será el trabajo, que es donde pondrá su energía, fuerza y conocimientos. Pero si miramos la carta del Mago, que hace referencia a sus recursos personales y al trabajo, observamos que el personaje del Mago está mirando el león de la Fuerza, esto nos indica que en cuestiones laborales controlará las posibles dificultades que puedan aparecer. El Mago es un número 1, por lo que en un futuro lejano el consultante empezará algún proyecto (Mago) con fuerza e inteligencia.

10 y 11. Lo que lleva bien

La primera carta que nos encontramos es la Muerte, esto quiere decir que en el presente lo que lleva bien, y es un recurso, es la capacidad que él tiene para aceptar los cambios. Es consciente que debe llevar a cabo una trasformación personal importante, cambiar sus pensamientos, valores, ilusiones, etcétera. Al lado tiene la carta de la Emperatriz, que nos indica que la creatividad puede ayudarle en este proceso de trasformación personal. A favor también puede tener cerca una mujer que le ayudará en este proceso. Si tiene pareja, es un buen momento para hacer cambios en la relación.

12 y 13. Lo que lleva mal

Lo que en estos momentos él lleva mal es su parte masculina, su parte «yan». Puedes ver que tiene dos personajes masculinos: Sumo Sacerdote y Carro. Por este motivo, quizás en el presente está un poco perdido. Por otro lado, estas dos cartas también nos hablan de personajes, y antes hemos visto que tenía a los amigos en contra, esto nos indica que su entorno social es un tema que debería abordar y sanar. Quizás deba pedir ayuda y consejo (Sumo Sacerdote) y, en estos momentos, le cuesta llevar las riendas de su vida y avanzar (Carro).

Conclusión

Observamos que nuestro consultante viene de un período de cierta inestabilidad pero que en un futuro podrá ir ordenando su vida. Le recomendaremos que sea más activo y que haga los cambios necesarios. Si en algún momento se siente perdido le recomendaremos que busque ayuda.

Lectura general

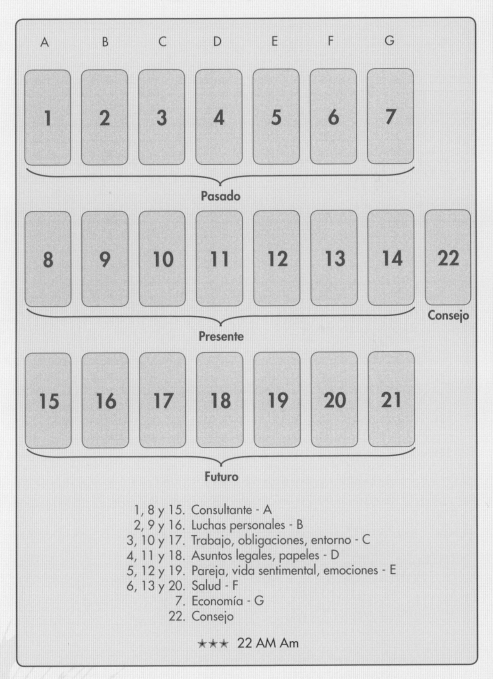

A	B	C	D	E	F	G
1	2	3	4	5	6	7

Pasado

| 8 | 9 | 10 | 11 | 12 | 13 | 14 | 22 |

Presente

Consejo

| 15 | 16 | 17 | 18 | 19 | 20 | 21 |

Futuro

1, 8 y 15. Consultante - A
2, 9 y 16. Luchas personales - B
3, 10 y 17. Trabajo, obligaciones, entorno - C
4, 11 y 18. Asuntos legales, papeles - D
5, 12 y 19. Pareja, vida sentimental, emociones - E
6, 13 y 20. Salud - F
7. Economía - G
22. Consejo

★★★ 22 AM Am

*E*sta lectura general es muy completa y nos da mucha información. Como puedes ver, utilizamos todos los Arcanos mayores, pero también podemos utilizar los Arcanos mayores y los menores, entonces la información que obtendremos será mucho más amplia y concreta.

La tirada general la leeremos horizontalmente (pasado, presente y futuro) y verticalmente considerando siete ámbitos distintos de la vida de una persona (psicología del/la consultante, luchas personales, trabajo, temas legales, pareja, salud, economía y consejo). Si combinamos las dos líneas, veremos que la primera línea vertical (1, 8,15) nos habla de la persona, siendo la carta (1) la persona en el pasado, la (8) la persona en el presente y la (15) la persona en el futuro. La carta (2) las luchas personales del pasado, la (9) las luchas personales del presente y la (16) las luchas personales del futuro, y así sucesivamente.

Al final nos queda la última carta (22), que es el consejo, la carta clave de este año. Tienes que pensar que una lectura general nos hablará de las tendencias de un año a partir de la fecha de la consulta.

Ejemplo de lectura general

Vamos a realizar una consulta a una chica de 28 años. Para ello utilizaremos solamente los Arcanos mayores.

1, 8 y 15. Consultante (Psicología)

En el pasado (Ermitaño), nuestra consultante era una persona más bien introvertida, pasó un período de reflexión, tuvo que tener paciencia y, seguramente, asumió responsabilidades que le costaron un esfuerzo.

En el presente (Torre), se está abriendo, quizás demasiado. La carta de la Torre nos señala que puede mostrarse un poco imprevisible, está descontrolada. Atraviesa por un momento de liberación personal, está haciendo «limpieza» de los esquemas, prejuicios e ideas antiguas que ya no le resultan válidas. Puede mostrarse impaciente y un poco brusca.

En el futuro con la carta de la Sacerdotisa vemos que se tranquilizará, encontrará la paz. Se serenará y volverá a prestar atención a su interior. Se producirá un proceso de maduración.

2, 9 y 16. Luchas personales

En el pasado, la carta del Diablo nos muestra que ella luchaba contra los instintos e intentaba superar las tensiones internas y el estrés. Tuvo grandes dificultades que hubo de superar.

Ejemplo

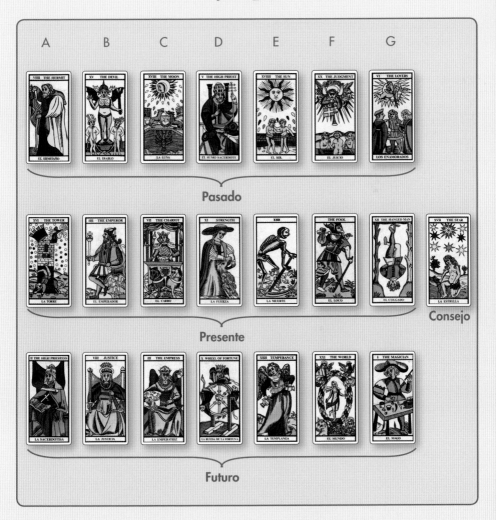

En el presente (Emperador), está luchando con fuerza y ambición para poder conseguir sus fines. Es ambiciosa y sabe lo que tiene que hacer y cómo organizarse y defenderse. También puede indicarnos que lucha por un hombre.

En el futuro (Justicia), luchará para encontrar el equilibrio interior. Será más analítica, más mental a la hora de comprometerse. Será exigente con ella misma y con los demás. Puede luchar por un contrato.

3, 10 y 17. Trabajo

En el pasado, con la carta de la Luna, vemos que ella tuvo sus preocupaciones, no se sentía segura ni motivada en el ámbito laboral. No tenía clara la evolución de su trabajo ni tampoco sabía lo que quería.

En el presente (Carro), por fin, ha podido superar las preocupaciones, lleva las riendas de su trabajo y avanza controlando con energía y diligencia. Busca mejorar y pone todo su empeño en el trabajo. También podemos decirle que puede verse implicada en algún desplazamiento por cuestiones relacionadas con el trabajo.

En el futuro (Emperatriz), controlará y disfrutará de su trabajo. Éste será más creativo, tendrá relación con otras personas y mostrará sus habilidades sociales. Se sentirá segura y satisfecha.

4, 11 y 18. Temas legales y papeles

En el pasado (Sumo Sacerdote), puede que ella haya tenido que recurrir a algún profesional (asesor, abogado, gestor…) para consultar algún tema legal.

En el presente (Fuerza) cualquier tema relacionado con este apartado está controlado.

Y en el futuro (Rueda) podrá obtener algún dinero si atiende unos asuntos legales. Será bueno que permanezca atenta y no pierda la oportunidad.

5, 12 y 19. Sentimientos

En el pasado (Sol), mostraba sus sentimientos y emociones con franqueza. Era una persona cálida y afectuosa. Estaba segura de sus emociones. Le gustaba compartir y expresar sus sentimientos. Valoraba mucho la amistad, tenía muchos amigos.

En el presente (Muerte) está en un proceso de cambio radical. (En este caso es importante que miremos la carta que sigue, si es una carta positiva el cambio es para mejor, si es negativa nos podría indicar que se va a producir una ruptura). En el caso de nuestra consultante, la Muerte va seguida de la carta de la Templanza, que es muy positiva, lo que nos indica que este proceso de cambio puede deberse a dejar en un segundo plano a las amistades por la necesidad de tener pareja. Cambia sus valores emocionales.

En el futuro (Templanza), se adaptará a la nueva situación, y fluirá con armonía. Se mostrará empática y sabrá dar y recibir.

6, 13 y 20. Salud

En el pasado (Juicio), tuvo que atender a cuestiones de salud, puede que tuviese que realizarse algunas pruebas médicas.

En el presente (Loco), su salud aún es un poco inestable, tiene que cuidarse y sobre todo si está siguiendo algún tratamiento es importante que lo mantenga. Es necesario que se cuide y esté atenta a su salud.

En el futuro (Mundo), su salud se estabiliza y no tendrá problemas.

En el pasado (Enamorados), tenía una economía que le permitía vivir cómodamente. Gastaba en caprichos y lujos. Podía tener ingresos procedentes de más de una fuente. Disfrutaba del dinero y de una economía sin problemas.

En el presente (Mago), el dinero procede de su trabajo. Tiene iniciativa y es creativa, sabe administrarse y cómo mover el dinero, así cómo sacarle el máximo partido.

En el futuro (Colgado), deberá controlar más los gastos, puede que tenga que apretarse un poco el cinturón y tendrá que hacer algunos sacrificios económicos. Deberemos advertirle de que es bueno que ahora ahorre un poco y así en el futuro no tendrá que bajar su ritmo de vida.

Consejo

La carta de la Estrella nos indica que esta mujer de 28 años debe conectar con la joven que tiene en su interior. Recuerda que en el primer grupo de cartas (1, 8, 15) en el que considerábamos a la consultante, nos salían cartas muy serias (Ermitaño, Torre y Sacerdotisa), las cuales nos indica que esta chica debe aprender a fluir, tener ilusiones y luchar por ellas. Es joven, sólo tiene 28 años, por lo que es importante que encuentre la alegría interior, que se tome las cosas con más tranquilidad. Si lo hace así las señales le irán indicando el camino. Debe aprender a dejarse fluir.

Lectura astrológica

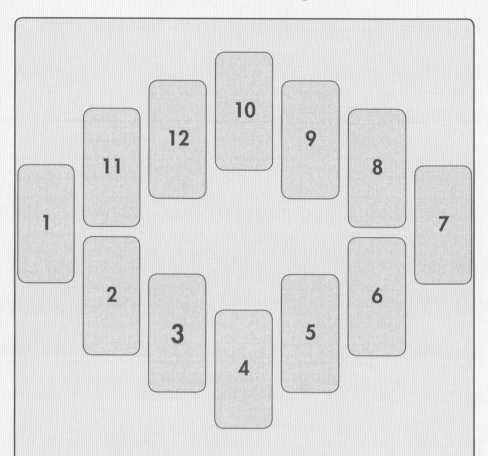

1. Personalidad
2. Dinero ganado por uno mismo
3. Mente concreta, entorno cercano y viajes cortos
4. Hogar, relaciones familiares y padre
5. Hijos, novios, diversiones
6. Trabajo, obligaciones y salud
7. Pareja y socios
8. Sexo, dinero de los demás (herencias, préstamos...) esoterismo
9. Mente superior (ideología, creencias), estudios superiores y viajes largos
10. Vida social y profesional, madre
11. Amigos, ilusiones y proyectos
12. Lo que tenemos que aprender

★★★ 12/24 AM
24 AM Am

La lectura astrológica es una de las clásicas, pero también una de las que más significados nos aporta. Pertenece al mismo grupo que la lectura anterior, lecturas generales con ámbitos concretos para interpretar. Este tipo de lecturas nos facilitan mucho la interpretación, sobre todo si no tenemos mucha práctica. Esta lectura se basa en los doce sectores o casas astrológicas que nos hablan de doce aspectos distintos de la vida de una persona: la personalidad, la economía, su entorno, la familia, hijos, novios, pareja, ideales, profesión, amistades, etcétera. Esta lectura podemos realizarla igual que las anteriores sólo con los Arcanos mayores o con la baraja completa (Arcanos mayores y menores).

Es una lectura que funciona muy bien poniendo dos cartas en cada uno de los ámbitos o sectores. La primera carta nos hablará del primer semestre a partir del momento en que realizamos la lectura, y la segunda carta del segundo semestre. Si lo hacemos así, veremos la evolución de los distintos temas y nos aportará mucha más información. Si utilizamos toda la baraja no tendremos problema, pues disponemos de 76 cartas.

Pero ¿es posible realizarla con los Arcanos mayores? Pues sí. Lo que haremos es una primera vuelta con los Arcanos mayores y una segunda vuelta con otro mazo de Arcanos mayores. También puedes llevarla a cabo con una sola carta en cada posición. Vamos a poner un ejemplo:

Ejemplo

Hombre de 55 años que acude a nuestra consulta.

1, 13. Personalidad

Este apartado (1, 13) nos indica cómo se encontrará la persona este año y cómo se mostrará a los demás. En el primer semestre, con la carta del Sol, se encontrará vital y energético. Tendrá confianza en sí mismo y se mostrará seguro. Será franco y claro. En el segundo semestre, la carta de los Enamorados nos dice que necesitará querer y ser querido. Se implicará en las cosas que haga. Se mostrará detallista y afectuoso. Estará más amable. Se sentirá guapo y se arreglará más.

2, 14. Dinero

El Ermitaño indica que en el primer semestre tendrá el dinero justo para hacer frente a sus pagos. Se verá en la necesidad de ahorrar pero le costará. Es un buen momento para poner orden en asuntos económicos. En el segundo semestre, con la carta de la Fuerza, vemos que su economía se fortalecerá. Tendrá controlados todos los pagos que tiene que hacer. Se sentirá seguro y podrá gastar en alguna cosa que le haga ilusión.

3, 15. Mente concreta, entorno cercano y viajes cortos

La carta de la Luna nos muestra que nuestro consultante puede estar un poco confundido, le cuesta tener las ideas claras y comunicarse con claridad. Pero la otra cara de la Luna nos dice que también estará intuitivo e imaginativo. Puede que no acabe de entenderse con las personas de su entorno. No le apetecerá mucho realizar viajes cortos.

En el segundo semestre, con la carta del Loco, no vemos que se haya aclarado mucho, seguirá un poco despistado pero más activo. Se mostrará abierto a temas nuevos. Su mente será rápida pero un poco dispersa. En relación a su entorno necesitará su espacio, reclamará su independencia. Puede realizar más desplazamientos de la cuenta.

4, 16. Hogar, relaciones familiares y padre

En el primer semestre es posible que cambie de casa o que haga cambios importantes en ella (Muerte). Las relaciones familiares se trasformarán. La relación con el padre cambiará radicalmente. En el segundo semestre, en casa moverá las cosas de un lado para otro (Carro). Las relaciones familiares se encarrilarán. La relación con el padre avanzará y mejorará.

5, 17. Hijos, novios, diversiones

La Templanza en el primer semestre nos indica que tendrá que hablar con los hijos, mostrarse más empático y un poco más tolerante. Es un buen semestre para que se produzca una buena comunicación y entendimiento. Si tiene novia, es un buen momento para adaptarse a ella y dejarse fluir. Habrá un buen entendimiento. En el segundo semestre, con la Sacerdotisa, las cosas se relajan un poco más. La relación con los hijos será tranquila y el tema de los estudios será relevante. Si tiene novia, la relación se consolidará. Además, puede divertirse y ser creativo estudiando, leyendo, escribiendo…

6, 18. Trabajo, obligaciones y salud

Los Enamorados, en el primer semestre, nos señalan que nuestro consultante se implicará en el trabajo. Habrá un buen ambiente y armonía. Los Enamorados es una carta dual y también puede indicarnos que puede tener dos trabajos. Asimismo puede que tenga que tomar decisiones en el ámbito laboral. En el apartado de la salud, sólo prestaremos atención y advertiremos al consultante cuando haya alguna carta negativa, en este caso los Enamorados no nos aporta significado alguno. En el segundo semestre, el Mago nos indica que tendrá trabajo. Deberá utilizar todos sus recursos y puede empezar algo nuevo, recordemos que el Mago es un número 1. Confirmamos que las decisiones tomadas en el primer semestre y la motivación del darán sus frutos.

7, 19. Socios y pareja

La carta de la Rueda de la Fortuna nos indica que su pareja se mostrará contenta, alegre y con ganas de mejorar. La relación con ella avanzará y será dinámica. Ella necesitará hacer cosas nuevas y diferentes. Si nuestro consultante tiene socios, las relaciones serán positivas y tendrán que tratar cuestiones económicas. En el segundo semestre, con la Templanza, la relación con la pareja será positiva, habrá una buena comunicación entre ellos. La relación será fluida y ambos sabrán dar y recibir. Con los socios mantendrán conversaciones en las que deberán ceder todos y adaptarse a las nuevas circunstancias.

8, 20. Sexo, dinero de los demás y esoterismo

En el primer semestre, la carta de la Torre nos indica que en el tema sexual puede estar un poco descontrolado. Si tiene algún asunto pendiente de herencias o préstamos, puede presentársele algún imprevisto y las noticias relacionadas con ello podrían ser negativas. Tal vez haya algún tema que tenga que ver con alguna propiedad. En este semestre los temas esotéricos no serán de su interés. En el segundo semestre, con el Ermitaño, en el plano sexual se tranquilizará y un poco de rutina le puede favorecer. Seguirá perseverando e investigando en las cuestiones del anterior semestre (herencias o préstamos). Asimismo puede querer obtener información sobre temas esotéricos u ocultos.

9, 21. *Mente superior, estudios superiores y viajes largos*

La mente superior hace referencia a las creencias, a las ideas: filosóficas, religiosas o políticas. En el primer semestre, con la carta del Juicio, se replanteará sus creencias, tomará conciencia de sus ideas, puede incluso plantearse temas profundos y espirituales relacionados con el sentido de la vida. Quizás se plantee reemprender algunos estudios que abandonó en el pasado. También pensará en la posibilidad de realizar algún viaje al extranjero. La Torre, en el segundo semestre, nos dice que corre el riesgo de que muchos de los planteamientos del semestre pasado se desmoronen, lo que nos indica que estos pensamientos no tenían la consistencia ni la base suficiente. Por lo que se refiere a los estudios se dará cuenta de que no es el momento para empezarlos, deberá esperar un poco. Éste no es un período favorable para viajar.

10, 22. *Vida social y profesional, madre*

El Diablo nos dice que en el primer semestre su vida social y profesional puede estresarle, tal vez tenga complicaciones y dificultades. La relación con la madre puede ser también complicada e, incluso, puede verse afectado por cuestiones de salud importantes. En el segundo semestre, con la carta del Juicio, nuestro consultante deberá tomar conciencia y hacer un inventario de su vida profesional. Es un buen momento para aclarar temas pendientes con la madre.

11, 23. *Amigos e ilusiones*

En el primer semestre disfrutará de las amistades, especialmente femeninas (Emperatriz), saldrá y hará vida social. Incluso podemos decir que tendrá una amiga especial. En el ámbito de los proyectos e ilusiones se mostrará creativo, le gustará compartir sus ideas. En el segundo semestre se sentirá satisfecho de sus amistades e, incluso, puede abrirse a nuevas personas y algunas de ellas pueden ser extranjeras. En cuanto a los proyectos, gracias a la creatividad del primer semestre, en este podrá gestar algo nuevo con lo que se sienta realizado.

12, 24. *Karma, lo que debemos aprender*

La carta del Sumo Sacerdote nos dice que en el primer semestre deberá ser paciente, realista, reflexivo, saber escuchar y aconsejar. Sobre todo en aquellos ámbitos en los que hemos visto que todo tendía a estar un poco más removido: confusión mental (Luna en sector 3), cambios familiares y de domicilio (Muerte en sector 4) o con los temas relacionados con la profesión y la madre (Diablo en sector 10). En el segundo semestre, con el Colgado, tendrá que aprender cuáles son sus límites. Quizás tenga que renunciar a algún viaje largo o a algunos estudios (Torre en sector 9). En el ámbito profesional puede que tenga que rebajar sus expectativas (Juicio en el sector 10).

Lecturas de crecimiento personal y autoconocimiento

Las lecturas psicológicas son las que nos permiten conocer cómo son las personas que nos rodean. También nos sirven como un instrumento de autoconocimiento. Gracias a ellas podemos ser conscientes de nuestras virtudes y habilidades y aprender a trabajar y superar nuestras limitaciones.

Hemos añadido en este apartado una lectura de evolución personal y espiritual que nos aporta gran información de nuestro nivel evolutivo y espiritual y también nos orienta y aconseja.

Otra lectura nos muestra cómo están nuestros tres centros: físico, emocional y mental y qué debemos hacer para equilibrarlos y poder estar en armonía con nosotros mismos.

Asimismo nos permiten conocer otra vertiente del Tarot que va más allá de la predicción.

Lectura de la pequeña pirámide psicológica

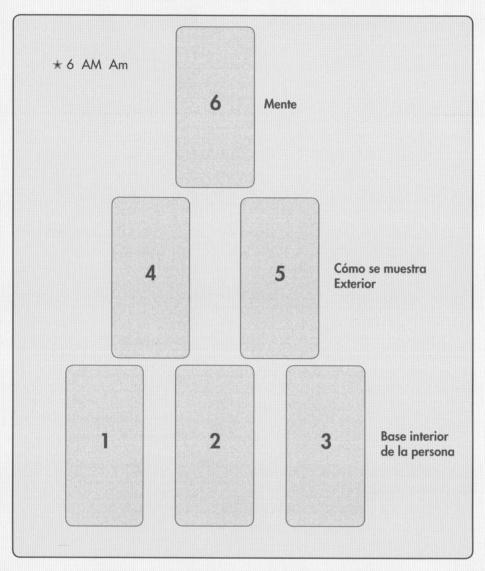

★ 6 AM Am

6 Mente

4   **5**   Cómo se muestra
Exterior

1   **2**   **3**   Base interior
de la persona

*E*sta lectura nos sirve para saber cómo es un ser humano. Con ella veremos la base de la persona, su esencia, su interior. Esta línea es la más importante, es la que permanece más estable, (en astrología sería el Sol). La segunda línea nos habla de su cara más externa, de cómo se muestra, por lo tanto, es cómo los demás la ven, es un lado menos estable, tendrá en cuenta el entorno. (En astrología sería lo que llamamos el Ascendente). La última carta nos habla de su mente, su manera de pensar, reflexionar, el mundo de sus ideas.

Esta lectura la podemos utilizar para conocer a las personas que nos rodean y también para nosotros mismos y tomar conciencia de cómo somos, cómo nos mostramos y cómo pensamos.

Ejemplo

Proponemos el estudio de una chica de 32 años.

1, 2 y 3. Base de la persona (Justicia, Carro y Torre)

Es una persona justa, analítica, exigente con ella misma y con los demás, responsable, que busca el equilibrio y comprometida (Justicia). Además, es una mujer dinámica a la que le gusta avanzar, se siente joven y ágil, es independiente y le gusta dirigir su propia vida (Carro). A veces pierde el control de la Justicia, debido a la impaciencia del Carro y se muestra impulsiva e imprevisible. Con el tiempo, cuando ella vaya aprendiendo a gestionarlo, esta carta de la Torre le va a permitir abrirse a cosas nuevas, liberarse de lo que ya no le sirva, sean prejuicios, malos hábitos, etcétera, aunque, con menos frecuencia, en ocasiones de estrés tenderá a mostrarse impulsiva.

4, 5. *Cómo se muestra (Enamorados y Templanza)*

Ante los demás aparece como una persona agradable, cariñosa, sensible, que se implica en lo que hace, que quiere a los que le rodean y se deja querer, presumida y siempre arreglada, detallista (Enamorados). Además, es una chica empática, que sabe adaptarse al entorno, comunicativa y tiene un gran «saber estar», educada y de trato agradable (Templanza).

6. *Mente (Fuerza)*

Sus pensamientos son claros, es una chica inteligente y con ideas propias. Tiene una mente ágil y no se deja influenciar fácilmente, le gusta dominar las situaciones y no se pierde ningún detalle. Cuando se propone algo no para hasta que lo consigue.

Conclusión

Es una joven que se muestra agradable y delicada. Tiene la mente muy bien «amueblada» y sabe lo que quiere, con todo, cuando no consigue lo que quiere puede estallar. Le gusta estar con la gente. Posee grandes potenciales gracias a la Torre, que le va a permitir abrirse y liberarse. Si no fuese por esta carta, sería una chica a quien le gusta demasiado controlarse, controlar a los demás y mostrarse inflexible.

Éste es uno de esos casos en los que una carta que aparentemente es «negativa» es realmente clave y decisiva para la evolución de esta persona, y se convierte en «positiva».

Lectura de evolución personal o espiritual

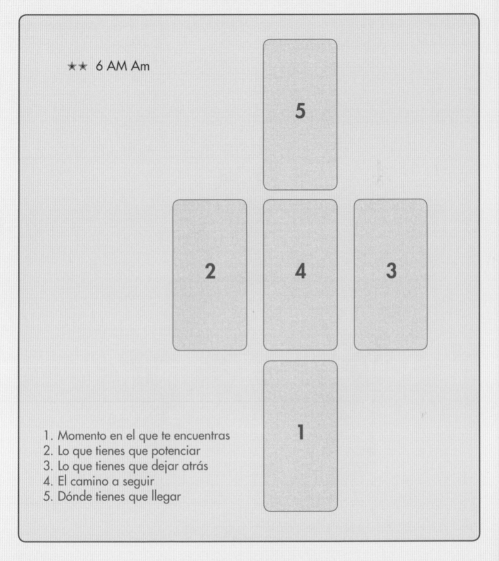

★★ 6 AM Am

5

2   4   3

1

1. Momento en el que te encuentras
2. Lo que tienes que potenciar
3. Lo que tienes que dejar atrás
4. El camino a seguir
5. Dónde tienes que llegar

*É*sta es una lectura más profunda, espiritual. En este tipo de lectura los significados predictivos de las cartas los utilizamos muy poco (trabajo, dinero, amor…), consideramos las cartas desde un prisma más profundo, más psicológico y espiritual.

Es una buena lectura para tomar conciencia de nuestra evolución personal y/o espiritual. En el año 2000, cuando empecé a dar clases de Tarot, estas lecturas las explicábamos y las trabajábamos, pero también advertía a los alumnos que no se preocupasen porque la gente no hacía este tipo de preguntas. En la actualidad, las cosas han cambiado y desde hace unos cinco años el número de personas que nos preguntan acerca de su evolución personal ha aumentado en un 40 por 100.

Ejemplo

*H*ombre de 53 años que ha acudido a la consulta y al final nos ha preguntado por su evolución personal.

1. Momento en el que se encuentra (Loco)

Está en un momento de tránsito, acaba una etapa y empieza otra. Esto hace que se sienta perdido, despistado y desorientado. Siente la necesidad de hacer cosas diferentes. Necesita poder ir a su aire, sentirse libre.

2. Lo que tiene que potenciar (Sacerdotisa)

Ante todo, debe tomarse las cosas con tranquilidad, buscar un espacio para él mismo y relajarse. Necesita escuchar su interior y que su mente se ponga de acuerdo con su corazón. Las respuesta que él requiere no están en su cabeza, sino en su interior, por este motivo, necesita tiempo para poder escucharse. Igualmente tiene que dar un valor espiritual a su vida, buscar una razón elevada, su propósito vital. Éste es un buen momento para cultivar su vida interior.

3. Lo que tiene que dejar atrás (Mago)

Debe dejar de preocuparse por asuntos laborales y cotidianos. Debe dejar de estar activo a todas horas y de buscarse obligaciones sin parar. No puede seguir controlándolo todo y querer hacerlo todo él. Debe dejar de ser tan práctico.

4. El camino a seguir (Juicio)

Es importante que tome conciencia de su trascendencia. Debe comprender que tras esta vida existe otra más allá, debe dar un sentido elevado a la vida. También debe tomar conciencia de dónde está en estos momentos, cómo ha llegado hasta aquí y hacia dónde quiere ir en los próximos cinco, diez años, a todos niveles: físico, emocional, laboral, mental y espiritual. Deber replantearse su vida y «darse cuenta» de lo importante que es, y así podrá ver hacia dónde quiere ir.

5. Dónde tiene que llegar (Ermitaño)

El Ermitaño es una carta número nueve, en numerología es el último número, el que recoge los anteriores para poder empezar un nuevo ciclo con experiencia. Por lo tanto, nuestro consultante tiene que profundizar en lo que ha sido hasta ahora su vida, aprender de la experiencia para poder empezar una nueva etapa más profunda. Cuando profundice en él mismo para buscar la luz que todos poseemos, se encontrará con sus sombras pero también con grandes «tesoros personales» y cualidades.

Conclusión

Si nos fijamos bien en la lectura, nos daremos cuenta de que tenemos dos cartas de recogimiento (Sacerdotisa y Ermitaño), dos cartas de principio y final (Ermitaño y Loco), una carta terrenal (Mago), tres espirituales (Sacerdotisa, Ermitaño y Juicio). En estos momentos, el consultante debe encontrarse consigo mismo para poder reconocer y trabajar su espiritualidad. Deberá utilizar el Mago, que representa el libre albedrío, para decidir si quiere emprender este nuevo camino.

Lectura del don

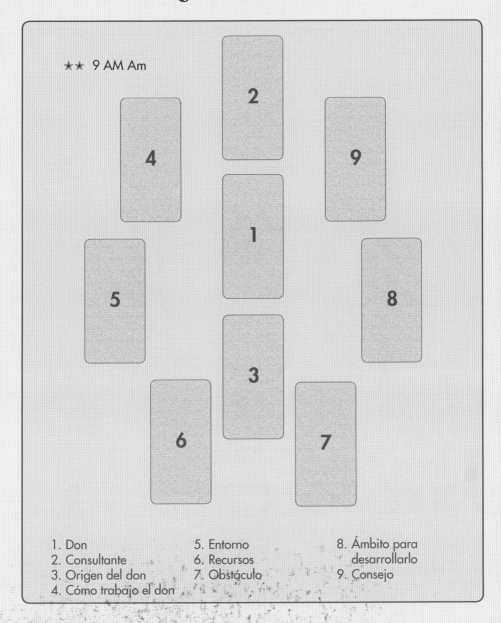

★★ 9 AM Am

2

4

9

1

5

8

3

6

7

1. Don
2. Consultante
3. Origen del don
4. Cómo trabajo el don

5. Entorno
6. Recursos
7. Obstáculo

8. Ámbito para
   desarrollarlo
9. Consejo

*U*n don es la «gracia especial o habilidad para hacer algo». Como venimos diciendo, todos tenemos habilidades y también cuestiones que debemos trabajar para mejorar. Y gracias a la vida, las circunstancias y a nosotros mismos, tendremos la capacidad para poder ver y reconocer nuestras virtudes y debilidades.

Esta lectura nos permitirá ver cuáles son nuestros potenciales, cualidades y puntos fuertes, para que podamos desarrollarlos al máximo.

Ejemplo

Mujer de 47 años que quiere saber si tiene algún don y, si es así, cuál es y cómo potenciarlo.

1. Don (Luna)

En este caso, la carta de la Luna como «don» nos dice que nuestra consultante tiene una gran sensibilidad, es una persona intuitiva, que tiene la capacidad de »ver» aquello que los demás no ven, la facultad de conectar con el inconsciente.

2. Consultante (Templanza)

La Templanza nos indica, por una parte, que nuestra consultante ya es consciente de su capacidad intuitiva y que la deja fluir con libertad y que gestiona bien su intuición, y, por otra, que es una mujer que sabe comunicar bien, sabe cómo expresar sus sensaciones teniendo en cuenta las emociones de quienes la rodean. La carta de la Templanza también puede hablarnos de protección, tiene la imagen de un ángel, por lo que ella puede sentirse protegida.

3. Origen (Sacerdotisa)

Podríamos decir que el origen de este don es heredado, en este caso la carta de la Sacerdotisa haría referencia a la familia, y por parte materna porque es una mujer. Ella posee ese conocimiento interior, tiene esa sabiduría innata, esa facultad.

4. Cómo trabajar o potenciar el don (Estrella)

La carta de la Estrella nos indica que la consultante debe dejarse fluir más de lo que está haciendo en estos momentos. Debe permanecer abierta a las señales. La Sacerdotisa nos habla de conocimientos antiguos que proceden de la familia, capacidades que vienen de lejos. La Estrella nos habla de caminos y señales nuevas, por lo que le resultaría beneficioso aprender algún método intuitivo nuevo, le reforzaría más ese potencial que ella ya tiene.

5. Entorno (Sol)

En este caso, la carta del Sol nos indica que ella se siente aceptada por su entorno. Un entorno de amistades en el que ella se siente a gusto y puede mostrar con claridad sus capacidades. Quienes le rodean se acercan a ella con confianza y, a su vez, ella se siente bien y puede mostrarse tal como es.

6. Recursos (Mago)

El Mago nos indica que la consultante tiene recursos y habilidades para potenciar su intuición. Posee el libre albedrío para poder seguir o no este camino, ella decidirá. Esta carta nos señala también que ella puede trabajar en las técnicas adivinatorias, y puede seguir esforzándose para mejorar. Estudiar cualquier mancia o técnica adivinatoria y su método le permitirá sacar el máximo partido a su parte intuitiva.

7. Obstáculos (Fuerza)

El mayor obstáculo que tiene es el querer controlarlo todo. La intuición no puede controlarse, debe fluir. La carta de la Fuerza explica que a veces puede que ella se bloquee al no encontrar una explicación lógica a ciertas sensaciones que tenga.

8. Ámbito para desarrollarlo (Rueda)

Esta carta nos indica que puede desarrollar el don de la intuición según las circunstancias. Irá sintiendo la necesidad de avanzar, mejorar y ampliar sus conocimientos y podrá hacerlo en distintos ámbitos. Lo importante no será el ámbito, sino la necesidad que ella sienta.

9. Consejo (Colgado)

La carta del Colgado le aconseja a nuestra consultante que disfrute de tiempo de descanso, momentos para desconectar y meditar. Debe aprender a tener la mente relajada para poder aprender a fluir y a captar las señales. Debe dar un sentido elevado y espiritual a su «don». Si actúa así, cada vez irá a más, sino puede incluso llegar a bloquear su capacidad intuitiva.

Conclusión

La consultante es una mujer intuitiva. Esta intuición le viene de familia. Ella deberá potenciarla y darle un sentido elevado. Le convendría aprender algún método adivinatorio nuevo, pero es importante que practique meditación para poder seguir mejorando este aspecto.

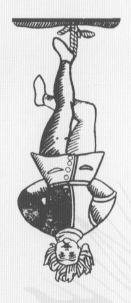

Lectura «equilibrio de los tres centros»: físico, emocional y mental

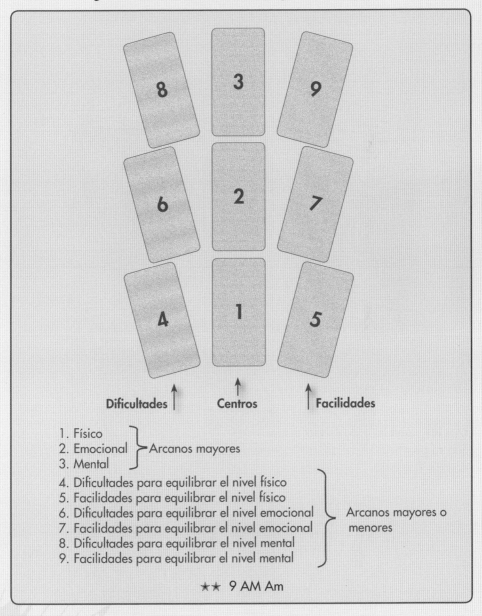

Dificultades ↑   Centros ↑   Facilidades ↑

1. Físico
2. Emocional   } Arcanos mayores
3. Mental
4. Dificultades para equilibrar el nivel físico
5. Facilidades para equilibrar el nivel físico
6. Dificultades para equilibrar el nivel emocional   } Arcanos mayores o menores
7. Facilidades para equilibrar el nivel emocional
8. Dificultades para equilibrar el nivel mental
9. Facilidades para equilibrar el nivel mental

★★ 9 AM Am

Todos sabemos que para estar bien con nosotros mismos y encontrar la «felicidad» y la armonía es fundamental mantener el equilibrio entre los tres centros: físico, emocional y mental. Todos tenemos alguno de estos centros más desarrollados y, por el contrario, otro que trabajamos menos. Esta lectura nos permite tomar conciencia de cómo están cada uno de estos centros y podremos ver qué facilidades y dificultades tenemos para equilibrarlos.

Ejemplo

Hombre de 29 años.

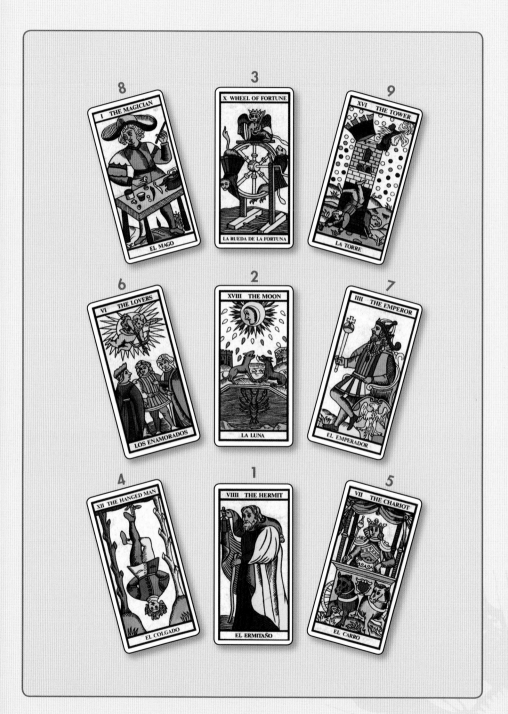

Manual de interpretación del Tarot

1, 4, 5. Centro físico (facilidades y dificultades)

1. La carta del Ermitaño en el plano físico nos dice que es una persona terrenal, que está bien arraigada a la tierra, es realista, práctico y trabajador. Se preocupa de las cosas materiales, le gusta ahorrar para tener un «rinconcito». Es consciente de que sólo se cuida lo justo de su parte física. Es un poco sedentario y retraído.

4. El Colgado (dificultades) nos indica que está muy atado al tema material, esto hace que esté muy pendiente de ello y no le permite avanzar como sería necesario. Si te fijas bien, el Ermitaño está mirando al Colgado, puede que esté pendiente y atado a asuntos materiales del pasado que no le permiten avanzar.

5. El Carro (facilidades) nos señala que debe mirar hacia el futuro y dejar el pasado atrás. Debe ser más dinámico en temas prácticos y materiales. Un poco de ejercicio físico le iría bien para superar las posibles contracciones y tensiones físicas del Colgado y el Ermitaño, que están muy rígidos. Mantenerse activo le irá bien físicamente y para desencallar temas.

2, 6, 7. Centro emocional (facilidades y dificultades)

2. La Luna nos dice que emocionalmente está «tocado», se siente triste confundido, abatido, hipersensible y no tiene claros sus sentimientos. Se siente desamparado y solo.

6. La carta de los Enamorados en las dificultades nos indica que este desamparo que él tiene es por causa del amor. Podemos decir que ha tenido un desengaño amoroso y que, en estos momentos, no está abierto a nuevas relaciones, aún tiene una herida abierta que tiene que sanar.

7. La facilidad que posee para superar este desequilibrio emocional es la carta del Emperador, la cual nos indica que es él mismo, que está en sus propias manos poder superar esta tristeza. El Emperador también nos dice que él es fuerte, tiene armas para poder luchar y superar con energía y coraje este desengaño.

3, 8, 9. Centro mental (facilidades y dificultades)

3. La Rueda de la Fortuna nos indica que él es una persona muy mental, todo el día está pensando y dando vueltas a los temas. Tiene una mente ágil que le permite captar cualquier oportunidad que se presente. Posee una mente ávida de conocimientos. Su parte mental es un centro que a lo largo de su vida le ha ayudado mucho, es un ámbito en el que se siente cómodo y le gusta potenciarlo.

8. El Mago, como dificultad, nos señala que él siempre tiene alguna cosa para hacer trabajar su mente. Siempre está buscando cuestiones y temas para pensar. Tiene demasiados recursos y facilidades mentales que hacen que le resulte muy difícil dejar de pensar.

9. La carta de la Torre como facilidad para equilibrar el centro mental nos dice que debería aprender a liberar su mente de todo aquello que no es necesario, porque puede tender a tener demasiadas cosas en la cabeza. También le convendría aprender a tener la mente en blanco para practicar un poco de meditación y poder llegar a conectar con los otros centros.

Conclusión

Observamos que se trata de un hombre muy mental que está muy apegado a los temas materiales y, en estos momentos, emocionalmente débil. Debería hacer un poco de ejercicio que le ayudará física y también mentalmente. Debe aprender a conectar con sus emociones, comprender qué es lo que le ha sucedido en el plano emocional.

Lecturas kármicas

Karma: Es la ley cósmica de causa-efecto. El karma nos explica lo que vivimos como respuesta a nuestras acciones pasadas, tanto de esta vida como de vidas anteriores. Según la ley del karma en cada una de nuestras existencias, vamos realizando aprendizajes que nos permiten ir evolucionando.

El karma determina las condiciones en que volveremos a la vida: familia, entorno, país, habilidades, físico… De esta manera, vida tras vida, vamos aprendiendo y evolucionando.

Comprender las causas que provocan los efectos que hoy se manifiestan en nuestras vidas nos permite cambiar nuestro destino. Y esto es lo que vamos a trabajar con las siguientes lecturas.

Existen tres factores que generan reacciones: actos, pensamientos y palabras.

El karma puede ser individual, familiar y colectivo (nacional, mundial…).

Las tres cartas kármicas por excelencia son: la Justicia, que sería el karma en sí, el Ermitaño, que representa los aprendizajes que debemos realizar, y la Rueda de la Fortuna, las circunstancias que debemos vivir.

Lectura kármica

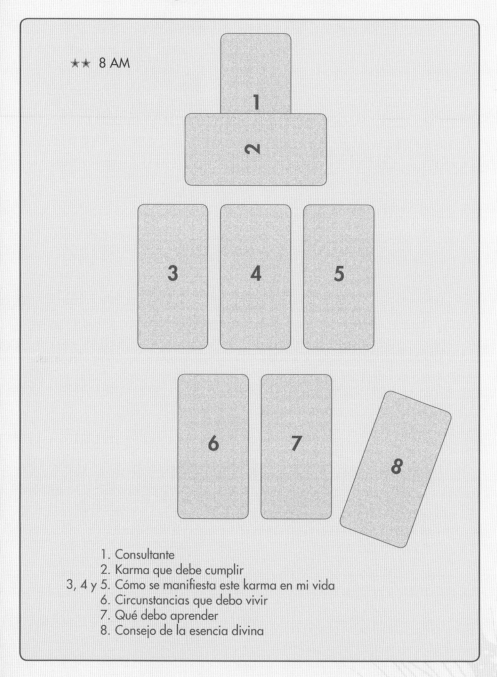

★★ 8 AM

1
2
3   4   5
6   7
8

1. Consultante
2. Karma que debe cumplir
3, 4 y 5. Cómo se manifiesta este karma en mi vida
6. Circunstancias que debo vivir
7. Qué debo aprender
8. Consejo de la esencia divina

Ésta es una lectura sencilla que nos permite ser conscientes de nuestro karma, nos da información de cómo se manifiesta este karma en nuestra vida, qué circunstancias debemos aprender, y también nos aconseja.

Ejemplo

Mujer de 63 años que nos pregunta por su karma.

1. Consultante (Sacerdotisa)

Nuestra consultante es una mujer que ya tiene unos años, esto le da la experiencia y sabiduría de la edad. Es una mujer que ha aprendido a tomarse las cosas con calma y tranquilidad. Le gusta tener su espacio para ella misma. Posee unos valores y unas creencias. Es discreta y buena consejera.

2. *Karma que debe cumplir (Estrella)*

Debe aprender a conectar con su Estrella, su parte jovial, alegre. Es necesario que aprenda a tener ilusiones y luchar por ellas. Debe dejarse fluir, conectar con la naturaleza, permanecer abierta a las señales. No perder la confianza.

3, 4 y 5. *Cómo se manifiesta este karma (Muerte, Sol y Loco)*

El karma se le manifiesta a nuestra consultante de una manera radical y fría que puede pasar por la pérdida o el distanciamiento radical (Muerte) de un hijo/a (Sol), en este caso sería una chica por la carta de la Estrella que hemos visto en la posición anterior. El Loco nos reafirma este distanciamiento con la hija (fíjate en que el Loco está mirando hacia fuera), lo que quiere decir que se va.

Esta situación, este cambio o distanciamiento radical (Muerte) ha hecho que la consultante haya perdido la confianza en ella misma (Sol) y le ha llevado a cierta inestabilidad emocional y falta de autoestima (Loco).

6. *Circunstancias que debe vivir (Torre)*

Deberá vivir circunstancias imprevistas, en las que se le desmoronarán todos sus esquemas. Deberá vivir la destrucción de sus bases, de aquello que para ella era importante.

7. *Qué debe aprender (Carro)*

Debe aprender a levantarse, avanzar y volver a llevar las riendas de su vida. Fíjate que la carta de la Torre es el número 16 y si sumamos 1 + 6 nos da 7 (Carro). y esto quiere decir que debemos sobreponernos a las dificultades y los imprevistos. El Carro también nos indica que es importante que la consultante conecte con su parte más joven. El Carro puede hacer referencia a que ella puede tener algún otro hijo y que el hecho de luchar y avanzar con él le puede ayudar a superar la separación de la hija.

8. *Consejo de la esencia divina (Juicio)*

La consultante debe tomar conciencia de lo sucedido. Debe aprender a pedir perdón y a perdonarse a sí misma. Debe salir adelante y replantearse la vida de nuevo, reinventarse.

Lectura de las relaciones kármicas

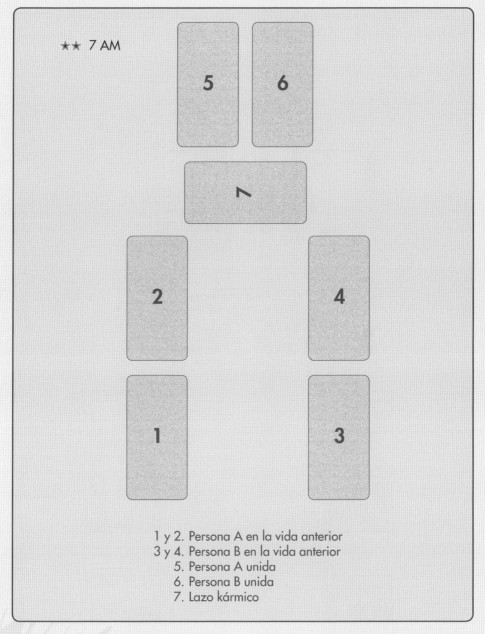

★★ 7 AM

1 y 2. Persona A en la vida anterior
3 y 4. Persona B en la vida anterior
5. Persona A unida
6. Persona B unida
7. Lazo kármico

*A*lgunas veces nos encontramos con personas con las que tenemos la sensación que ya las conocíamos de antemano. También nos sucede que con algunas personas tenemos una conexión tan especial que creemos que en la otra vida ya nos encontramos. Precisamente, esta lectura nos permite saber si entre dos personas existe algún «lazo kármico», es decir, que en alguna otra vida ya compartimos una relación.

Ejemplo

Una mujer de 29 años tiene una conexión muy especial con una amiga y quiere saber si existe algún lazo kármico entre ambas, si se conocieron en otra vida. La persona A será nuestra consultante y la persona B la amiga.

1 y 2. *Nuestra consultante en la vida anterior (Carro y Loco)*

Nuestra consultante en otra vida era un chico (Carro) y, en la etapa de la juventud (Carro), estuvo desorientado, le costó madurar, iba muy a la suya de un lado para otro (Loco). Le costó encarrilar su vida y encontrar el camino adecuado. No quería asumir responsabilidades. La carta del Loco encima del Carro también nos puede indicar que este chico no alcanzó la madurez se fue (Loco) de joven.

3 y 4. *La amiga de nuestra consultante en la vida anterior (Ermitaño y Justicia)*

En otra vida su amiga, con el Ermitaño, asumió responsabilidades y estuvo pendiente del Carro (fíjate que el Ermitaño está mirando la carta del Carro), está cuidando de él, aunque éste no le mira y no hace ningún caso. Su amiga podría ser otro chico un poco mayor que cuidó de él. Además, con la carta de la Justicia, intentó convencerle de que debía ser más responsable y equilibrado. El Loco está mirando a la Justicia, por lo que el otro chico, cuando estaba desorientado o cuando no encontraba salida a las situaciones, se acercaba a él para que le ayudase con la Justicia.

5. *Nuestra consultante unida a su amiga en esta vida (Colgado)*

La carta del Colgado nos dice que la amiga consultante en esta vida todavía se muestra dependiente de la otra, porque aún espera que su amiga con su sabiduría, experiencia y serenidad le ayude a resolver sus problemas. El Colgado aquí nos indica esta atadura que todavía tienen ambas.

6. *La amiga unida a nuestra consultante en esta vida (Sacerdotisa)*

La Sacerdotisa que está mirando al Colgado nos indica que la amiga está pendiente de nuestra consultante, siente debilidad por ella (Colgado), ella es como si fuera la hermana mayor, le da estabilidad, la escucha, le da consejos… La situación de la Sacerdotisa frente al Colgado nos indica que la amiga es consciente de esa debilidad, de esa dependencia, incluso llega a sacrificarse y renunciar a cosas por su amiga.

7. *Lazo kármico (Sol)*

El Sol nos habla de hermanos, por lo que si en el apartado anterior no quedaba claro qué relación tenían estas dos amigas, ahora ya podemos decir que eran hermanos. En esta vida cuando ambas están juntas se siente seguras, brillantes, hay muchas cosas que ven claras sin decirse ni una sola palabra. Lo único que deberían trabajar es la dependencia, deben aprender a ser buenas amigas y a brillar las dos por igual.

Lectura de la relación entre dos vidas

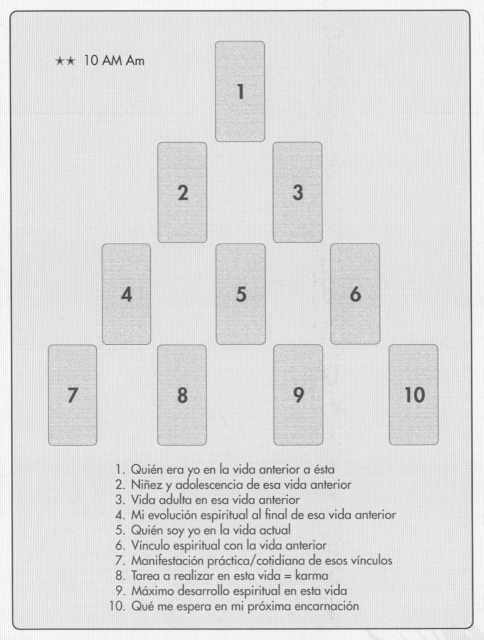

★★ 10 AM Am

1. Quién era yo en la vida anterior a ésta
2. Niñez y adolescencia de esa vida anterior
3. Vida adulta en esa vida anterior
4. Mi evolución espiritual al final de esa vida anterior
5. Quién soy yo en la vida actual
6. Vínculo espiritual con la vida anterior
7. Manifestación práctica/cotidiana de esos vínculos
8. Tarea a realizar en esta vida = karma
9. Máximo desarrollo espiritual en esta vida
10. Qué me espera en mi próxima encarnación

*E*sta lectura va dirigida a las personas que creen en la existencia de otras vidas. Si no crees en la reencarnación, también puedes realizarla como un ejercicio más. Esta lectura permite saber quiénes éramos en otra vida, cómo trascurrió la niñez, la vida adulta y cómo todo esto afecta a nuestra vida presente. Muchas veces nos ayuda a comprender temas que hasta el momento nos parecían inciertos.

Ejemplo

𝓜ujer de 50 años que nos pregunta por su vida anterior y quiere saber si ésta, está interfiriendo en la vida presente.

1. Quién era yo en la vida anterior (Emperador)

En la vida anterior era un hombre, decidido, que sabía lo que quería, con empuje, coraje y energía. Tenía don de mando y luchaba por aquello en que creía. Era organizado y ambicioso.

2. Niñez y adolescencia en esa vida anterior (Mundo)

La niñez y la adolescencia las pasó protegido, no le faltó de nada. Podemos incluso decir que procedía de una buena familia. Tuvo todo aquello que necesitó y más. Se sintió feliz y realizado.

3. Vida adulta en esa vida anterior (Estrella)

En su vida adulta podemos ver que las cosas le siguieron yendo bien. Tenía ilusiones y proyectos, se sentía alegre y confiado. La Estrella también puede indicarnos que le costó madurar y que seguía soñando porque en el fondo no quería crecer. Necesitaba siempre la chispa, la ilusión de algo nuevo, y en ocasiones le costaba acabar lo que había empezado cuando las cosas requerían más esfuerzo.

4. Evolución espiritual al final de esa vida anterior (Juicio)

En esa existencia al final tomó conciencia y se dio cuenta de que no había vivido la vida con la intensidad que requería. Asumió que había vivido de manera muy terrenal (Emperador y Mundo) y empezó a buscar un sentido más elevado y profundo. La carta del Juicio es la que nos hace ver que detrás de una vida hay otra, es la puerta que se abre a otras vidas o dimensiones.

5. Quién es ella en la vida actual (Emperatriz)

En la vida actual es una mujer que sabe lo que quiere, que disfruta de los placeres, es una buena anfitriona, una mujer creativa, sociable, con don de gentes a la que le gusta alternar y vivir bien. Nos damos cuenta de que sigue siendo muy terrenal, por lo que está repitiendo patrones.

6. Vínculo espiritual con la vida anterior (Rueda)

Por un lado, la Rueda de la Fortuna nos dice que hay experiencias que ella no vivió, que le quedaron pendientes en la existencia anterior y es en esta vida donde deberá acabar de vivirlas. También nos puede indicar que la cuestión de la riqueza o de la economía puede haber desempeñado un papel muy importante porque puede haberla apartado del objetivo prioritario, haciendo que se fijase sólo en valores materiales y olvidando los espirituales.

7. Manifestación práctica
cotidiana de esos vínculos (Colgado)

El Colgado nos habla de ataduras y dependencias (en este caso de temas materiales y económicos). También nos puede hablar de limitaciones y sacrificios. En esta vida, en el tema económico y material, tendrá dificultades y deberá pasar algunas penurias para que pueda tomar conciencia, valorar la riqueza y preocuparse por otros temas importantes y espirituales.

8. Tarea a realizar en esta vida (Sumo)

Tiene que ser más espiritual, deberá aprender a pedir ayuda a los demás, y en otros aspectos, será ella la que deberá ayudar, escuchar y aconsejar a otras personas sobre sus experiencias vividas. Tendrá una vida larga.

9. Máximo desarrollo espiritual en esta vida (Mago)

El Mago no es una carta espiritual, esto nos indica que volvemos a estar con temas materiales y temas prácticos. La consultante deberá aprender a dar un sentido elevado y espiritual a cada acto cotidiano, pero será algo que le costará, éste será su aprendizaje.

10. Qué le espera en su próxima encarnación (Ermitaño)

En la próxima encarnación deberá seguir con el aprendizaje de ésta, el Ermitaño nos dice que tendrá que seguir trabajando este tema. Se van a repetir algunas circunstancias. Deberá aprender a buscar la luz interior, a buscar a Dios dentro de sí misma. El Ermitaño está mirando hacia dentro de la lectura y encima tiene la carta de la Rueda, lo que nos reafirma la cuestión de repetir aprendizajes y circunstancias.

Ficha técnica: Cuadro resumen

Psicología: Comunicador, habilidoso, inteligente, trabajador, creativo, con iniciativa.
Trabajo: Con recursos, independiente, luchador, creativo, resolutivo.
Amor: Trabaja la relación, comunica los sentimientos.
Salud: Médico de cabecera.
Consejo: Utiliza todos tus recursos y habilidades.
Conceptos clave: Trabajo, recursos, capacidad de comunicar e iniciativa.

Psicología: Prudente, tranquilo, entregado, reflexivo, discreto, intuitivo.
Trabajo: Con experiencia y conocimientos, perseverante, estudios, formación continua.
Amor: Leal, entregado, relaciones estables.
Salud: Dolores de cabeza, enfermedades propias de las mujeres mayores,estabilidad.
Consejo: Escucha tu interior.
Conceptos clave: Estudios, reflexión, rica vida interior.

Psicología: Creativa, inteligente, coqueta, sensual, disfruta de la vida, sociable, dotes de mando.

Trabajo: Jefa, con dotes de mando, sociable, creativo, autónoma.

Amor: Necesita tener pareja. Buen amante, sensual cariñosa. Buenas relaciones.

Salud: Aparato reproductor femenino. Enfermedades de la piel.

Consejo: Disfruta Se creativo. Saca el máximo partido de tu feminidad.

Conceptos Clave: Creatividad, sensualidad, maternidad, dotes de mando, sociabilidad

Psicología: Inteligente, don de mando, poderoso, organizador, con valores, luchador.

Trabajo: Jefe, trabajo estable, seguro, organizado y ambicioso.

Amor: Apasionado, fuerte y protector. Le gusta tener pareja.

Salud: Enfermedades típicas que surgen como consecuencia del estrés. Cuidado: aparato reproductor masculino.

Consejo: Organízate y lucha. Sé ambicioso. Ten coraje.

Conceptos clave: Lucha, dotes de mando, organizador.

Psicología: Sabio, amable, tranquilo, consejero, mediador, conservador, con valores.

Trabajo: Estable y tranquilo, prestigio y conocimientos, sabiduría, experiencia.

Amor: Fiel, tranquilo, tradicional, cariñoso, más espiritual que pasional.

Salud: Atención a la próstata.

Consejo: Busca la estabilidad y una persona que te aconseje.

Conceptos clave: Mediador, especialista consejero, estabilidad.

Psicología: Dulce, comprensivo, romántico y emotivo, que debe tomar una decisión.

Trabajo: Te implicas en lo que haces, disfrutas, tienes más de un trabajo.

Amor: Sentimientos profundos, atracción, amor, enamoramiento, decisión o elección.

Salud: Atención a brazos y pulmones. Decisiones médicas. Autoestima.

Consejo: Implícate. Decídete. Ama.

Conceptos clave: Amor, lecciones, artístico. «Más de uno».

Psicología: Con personalidad, idealista, entusiasta, dinámico, responsable.

Trabajo: Desplazamiento, movimiento, el trabajo avanza, nuevas oportunidades.

Amor: Sentimientos cálidos y apasionados, relación dinámica y que evoluciona.

Salud: Vitalidad y buena salud. Cuidado con el aparato locomotor.

Consejo: Muévete. Lleva las riendas y avanza.

Conceptos clave: Jovial, vehículo, desplazamiento, domina la situación.

Psicología: Íntegro, imparcial, severo, justo, equilibrado, exigente con uno mismo y los demás.

Trabajo: Contratos, impuestos, estabilidad, justa proporción trabajo/sueldo.

Amor: Equilibrado y estable, compromiso, papeles relacionados con la pareja: bodas, divorcios

Salud: Equilibrio. Pruebas médicas. Equilibrio emocional.

Consejo: Valora los pros y los contras. Sé justo.

Conceptos clave: Exámenes, papeles, sopesar los pros y los contras. Afrontar compromisos diversos.

Psicología: Introvertido, tranquilo, posee una gran vida interior, conservador, austero y paciente.

Trabajo: Se ha podido mantener desde hace tiempo y continúa en el futuro, contrato indefinido.

Amor: Duradero, un poco rutinario y poco expresivo en el plano emocional.

Salud: Enfermedades crónicas o de larga duración. Tratamientos largos.

Consejo: Es el momento de tomarse las cosas con calma. Debes ser realista y prudente.

Conceptos clave: Lentitud, búsqueda, pasado, cronicidad, aprendizaje.

Psicología: Alegre, extrovertido y espontáneo, deseo de evolucionar, variable.

Trabajo: Evolución y movimiento, renovación de contrato, inversiones.

Amor: Evolución, felicidad compartida, alegrías, no hay lugar para la rutina.

Salud: Evolución de la enfermedad. Gastos médicos.

Consejo: Aprovecha todas las oportunidades. Es el momento de crecer y mejorar.

Conceptos clave: Movimiento, dinero, renovación, evolución.

Psicología: Fuerte, inteligente, voluntad, no se deja llevar por los impulsos.

Trabajo: Planifica, tiene visión de futuro, gran capacidad de trabajo.

Amor: Fiel, fuerte e inteligente, busca seguridad y estabilidad.

Salud: Buena salud, energía vital. Especialista: otorrinolaringólogo.

Consejo: Actúa con fuerza e inteligencia.

Conceptos clave: Autocontrol, energía, constancia, habilidad para manejarse en situaciones difíciles.

Psicología: Altruista, entregado, abnegado, sacrificado, bloqueado, estancado.

Trabajo: Entrega, sacrificio, cambiar de punto de vista, baja laboral.

Amor: Sacrificado, platónico, ataduras, sufrimiento, bloqueo emocional.

Salud: Convalecencia, baja médica. Bloqueos de diverso tipo.

Consejo: Debes considerar las cosas desde otro punto de vista. Es el momento de sacrificarse.

Conceptos clave: Parón, hay que poner límites, adaptar otro punto de vista, sacrificio.

Psicología: Proceso de cambios, renovación constante, frío, radical, tajante.

Trabajo: Cambio absoluto de departamento en la misma empresa o de trabajo.

Amor: Cambio de sentimientos, enfriamiento de la relación, ruptura.

Salud: Cuidado con los huesos y la espalda. Cambio de tratamiento o de hábitos.

Consejo: Necesitas un cambio total o una trasformación.

Conceptos clave: Cambios radicales, trasformación, reciclaje, invierno.

Psicología: Tolerante, comunicativo, adaptable, moderado, solidario, sereno y empático.

Trabajo: El trabajo fluye. Liquidez, intercambio, adaptación, conversaciones.

Amor: Estable, sentimientos apacibles, buen entendimiento.

Salud: Buena salud, protección. Cuidado con el aparato digestivo. Tratamiento oral.

Consejo: Adáptate. Coméntalo.

Conceptos clave: Adaptabilidad, liquidez económica, viajes en avión, llamadas.

Psicología: Inteligente, astuto, instinto de supervivencia, egoísta, mentiroso, traicionero.

Trabajo: Complicaciones, traición, ambiente crispado, infracción, estrés.

Amor: Pasional y sexual, celos, posesivo.

Salud: Complicaciones, enfermedades de trasmisión sexual.

Consejo: Ten cuidado. Sé astuto.

Conceptos clave: Complicaciones, materialismo, riesgo, traiciones.

Psicología: Expansivo, que desborda energía, brusco, imprevisible, temerario.

Trabajo: Mundo empresarial, ampliación, pérdidas, imprevistos, liberación.

Amor: Decepción, ruptura, liberación de ataduras y prejuicios.

Salud: Accidentes, hospitales, enfermedades repentinas.

Consejo: Libérate. Ten cuidado con los imprevistos.

Conceptos clave: Inmuebles, empresa, liberación, ruptura, destrucción–construcción.

Psicología: Intuitivo, sensible, dulce, alegre, optimista, vital, entusiasta, con ilusiones.

Trabajo: Óptimas posibilidades en el mundo laboral, aprendizaje, beneficios económicos, buen ambiente laboral.

Amor: Felicidad, ilusión, tierno, romántico, como si se tratase del primer amor.

Salud: Buena salud y protección. Cuidado con el aparato urinario.

Consejo: Ilusiónate. Ten esperanza y confía.

Conceptos clave: Jovialidad, primavera, protección, suerte, ilusión, oportunidad.

Psicología: Emotivo, intuitivo, sensible imaginativo, indeciso, desilusionado, temeroso.

Trabajo: Negocios poco claros, beneficios en negro,, esotéricos, dificultades, enemigos.

Amor: Desilusión, poca franqueza, desconfianza. Amores ocultos, amor que hace aguas.

Salud: Enfermedades. Cuidado con la sangre, presión arterial.

Consejo: Confía en la intuición.

Conceptos clave: Enemigos ocultos, noche, otoño, agua, poca claridad.

Psicología: Entusiasta, alegre, cálido, vital, claro, mente brillante, líder, confianza.

Trabajo: Éxito, reconocimiento, trabajo con socios, familia o niños.

Amor: Felicidad, alegría, sentimientos cálidos y generosos, compartir.

Salud: Buena salud. Cuidado con: ojos, piel, fiebres. Enfermedades infantiles.

Consejo: Confía en ti mismo. Muéstrate claro y franco. Acostúmbrate a compartir.

Conceptos clave: Niños, verano, día, socios, clientes, compartir, éxito, claridad.

Psicología: Renovación, examen de conciencia, inventario, reflexión, replanteamiento.

Trabajo: Inventario, auditoría, resurgir de un negocio, renovación.

Amor: Replanteamiento, ahora es el momento de evaluar y, si hace falta, enmendar alguna situación, despertar de los sentimientos.

Salud: Es momento de cuidar de tu salud. Hazte un chequeo.

Consejo: Debes tomar conciencia de quién eres realmente.

Conceptos clave: Replanteamientos, perdón, inventario, llamadas, cosas del pasado.

Psicología: Popular, carismático, feliz, ingenioso, con visión de futuro, realización personal, plenitud.

Trabajo: Reconocimiento, prestigio, es un buen momento para ascender o pedir un aumento de sueldo.

Amor: Relación óptima, buen funcionamiento de la pareja, fecundidad.

Salud: Buena salud. Embarazo.

Consejo: Disfruta del éxito. Ábrete al mundo.

Conceptos clave: Éxito, logros, extranjero, embarazo.

Psicología: Altruista, idealista, ingenioso, despreocupado, independiente, impulsivo.

Trabajo: Original, tiene en mente proyectos nuevos. Contratos temporales. Falta de experiencia.

Amor: Relaciones poco estables, inmaduro y alocado, aventuras.

Salud: Inestabilidad emocional, enfermedades mentales, descuido de la salud.

Consejo: No te disperses. Lánzate. Piensa antes de actuar.

Conceptos clave: Inicio y fin. Cosas pasajeras o temporales. Inestabilidad.

Índice

Introducción 9

Lecturas concretas 15

Lectura del sí y del no.. 16

Lectura de las decisiones.. 18

Lectura del corazón 21

Lectura concreta 24

Lectura de la cruz celta 27

Lectura de qué necesitas, buscas y temes en una relación 32

Lectura para saber si esta persona es para mí....................... 36

Lectura de la boda o convivencia de pareja........................... 40

Lectura de la pareja... 45

Lectura del sexo... 49

Lectura del embarazo 53

Lectura de los negocios.. 57

Lectura de los conflictos en el trabajo 61

Lectura del pleito... 65

Lectura del tiempo o del cuándo... 69

Lectura del dinero 73

Lectura de la salud...77

Lecturas generales 83

Lectura general de las nueve cartas.......................................84

Lectura general de las trece cartas 88

Lectura general...93

Lectura astrológica 98

Lecturas de crecimiento personal y autoconocimiento..............105

Lectura de la pequeña pirámide psicológica 106

Lectura de evolución personal o espiritual 109

Lectura del don 113

Lectura «equilibrio de los tres centros»: físico, emocional y mental.......117

Lecturas kármicas..121

Lectura kármica...122

Lectura de las relaciones kármicas..125

Lectura de la relación entre dos vidas....................................128

Ficha técnica: Cuadro resumen...133